일하면서 성장하는 전략적 공부법

トップコンサルタントの「戦略的」勉強法
(Top Consultant no Senryakuteki Benkyoho : 8417-3)
© 2024 Nobuhiro Yokoyama
Original Japanese edition published by SHOEISHA Co.,Ltd.
Korean translation rights arranged with SHOEISHA Co.,Ltd. through AMO Agency Korean translation copyright © 2025 Book21 Publishing Group

이 책의 한국어판 저작권은 AMO에이전시를 통해 저작권자와 독점 계약한 북21에 있습니다.
저작권법에 의해 한국 내에서 보호를 받는 저작물이므로 무단 전재와 무단 복제를 금합니다.

일하면서 성장하는 전략적 공부법

따로 시간 낼 필요 없는 직장인 자기계발 시스템

요코야마 노부히로 **지음** 김은혜 **옮김**

21세기북스

시작하며

살아남고 싶다면
계속해서 진화하라!

📝 내가 35세부터 극적으로 일을 잘하게 된 비결

"내일 아침까지 마무리하겠습니다."

내가 서른 즈음에 자주 하던 말이다. 주어진 일을 정해진 시간까지 끝내지 못했다. 그래서 상사에게 '내일 아침까지 정리해서 드리겠습니다'라고 말하고 새벽 4~5시까지 일하는 날이 많았다.

남들보다 요령이 없던 탓에 보통 10시간이면 끝날 일을 나는 20시간, 30시간씩 했다. 아니, 그렇게라도 끝이 나면 다행인 경우였고 결국 마무리하지 못해 상사나 동료에게 민폐를 끼치는 일도 많았다.

"됐어, 나머지는 우리가 할 테니까…."

대학을 졸업하지 않고 사회에 나왔다. 거품경제 시기, 새로운 도전을 하고 싶어서 청년해외협력단에 참여했다. 20대에는 하고 싶은 일을 할 수 있어서 즐거웠다. 지금 생각해봐도 청춘을 만끽한 시절로 기억된다.

하지만 30대가 되자 오랜 시간 공부하지 않고 지낸 날들이 부메랑이 되어 돌아왔다. 시스템엔지니어로서 실무 기술은 가지고 있었지만 사람과 대화를 나누는 방법, 일을 진행하는 방법, 사물의 본질을 꿰뚫어 보는 능력이 크게 부족했다.

하지만 그런 내가 엉뚱하게도 35세에 컨설턴트가 되었다. 수년 후부터 실적을 내기 시작했고 세미나와 강연 요청이 쇄도했으며 41세에는 첫 번째 책을 출간했다. 현재 유튜브 등 SNS의 팔로워 수가 총 6만 명이 넘고, 뉴스레터 구독자는 3만 8000명이며, 출간한 24권의 책은 해외를 포함해 50만 부가 넘게 팔릴 정도로 영향력을 갖게 되었다.

또한 내가 대표로 있는 회사는 14년 이상 매출목표와 이익목표가 떨어진 적이 없다.

— *어떻게 그런 일이 가능했을까?*

효과적으로 공부했던 것도 분명 성공에 도움이 되었을 것이다. 당시 컨설팅 일을 알려준 사람도 아무도 없었다. 세무사나 회계사 같은 자격도 없었다. 그래서 전부 독학으로 공부했다.

즉, 컨설팅 회사로 이직한 35세부터 3~4년 사이에 '스스로 생각하며' 공부해서 익힌 모든 것이 지금 나의 초석이 되었다.

비즈니스퍼슨이 '공부하지 않는' 이유는?

내가 컨설턴트로서 실적을 남기게 된 것과 경영자로서 안정된 조직을 만든 것, 정보 발신자로서 영향력을 갖게 된 것도 모두 효과적으로 공부해온 경험이 크다.

단언컨대 내가 특별했거나 시대를 잘 타고나서가 아니다. 지금이라도

==효과적인 공부법을 몸에 익히면 눈앞의 일도 잘할 뿐 아니라 장래에도 안정된 성과를 내는 비즈니스퍼슨으로 다시 태어날 수 있다.==

그런데 일본의 비즈니스퍼슨은 애초에 공부를 하지 않는다.

2016년 총무성 통계국이 실시한 '사회생활 기본조사'에 의하면 직장인의 공부 시간은 평균 '하루 6분'이었다. 그리고 6년 후인 2022년에 실시한 같은 조사에서도 평균 공부 시간은 '하루 13분'이었다.

6년 동안 불과 '7분'밖에 늘지 않은 셈이다. '리스킬링(Reskilling)'이라는 말이 널리 쓰이기 시작한 것은 2020년 즈음이다. 세계경제포럼 연차총회(다보스포럼)에서 '리스킬링 혁명'이라는 말을 사용하면서 기술혁신과 비즈니스 변화에 대응하기 위한 새로운 지식과 기술을 갖추어야 할 필요성을 전 세계에서 공감하게 된 것이 계기였다.

그런데도 일본인의 공부 부족은 조금도 개선되지 않았고, 다른 나라와 비교해 위기감을 느낀 일본 정부는 2022년 개인의 리스킬링 지원에 5년간 1조 엔을 투자하겠다고 발표했다.

미국과 유럽뿐만 아니라 아시아를 포함한 조사를 보더라도 일본인의 눈에 띄는 '공부 부족'을 알 수 있다. 회사 이외의 공간에서 이루어지는 자기 계발에 대한 조사 결과는 아래와 같이 충격적이다.

Q   당신이 근무처 이외의 곳에서 자신의 성장을 목적으로 실시하고 있는 학습이나 자기 계발 활동에 대해 알려주세요.

답변 딱히 아무것도 하고 있지 않다.
- 세계 평균 ― 18.0퍼센트
- 일본 ― 52.6퍼센트

사외에서 하고 있는 학습·자기 계발의 활동 상황

Q 당신이 근무처 이외의 곳에서 자신의 성장을 목적으로 실시하고 있는 학습이나 자기 계발 활동에 대해 알려주세요.(복수 응답/선택지 11항목)

※ 전체 답변에서 내림차순

	전체	동아시아					동남아시아					남아시아	오세아니아	북아메리카	유럽			
		일본	중국	한국	대만	홍콩	태국	필리핀	인도네시아	말레이시아	싱가포르	베트남	인도	호주	미국	영국	독일	프랑스	스웨덴
	(18223)	(1000)	(1002)	(1005)	(1001)	(1002)	(1059)	(1010)	(1002)	(1000)	(1002)	(1002)	(1119)	(1003)	(1010)	(1003)	(1000)	(1001)	(1002)
독서	34.5	23.2	27.5	39.1	26.1	34.9	27.9	43.7	42.2	38.5	32.7	48.5	33.5	35.4	41.0	38.0	36.7	31.0	22.1
연수·세미나, 공부 모임에 참가	30.4	11.6	27.4	21.6	26.1	23.7	28.0	50.4	50.1	44.7	33.9	41.9	43.6	25.1	27.2	22.7	27.0	23.3	18.0
자격증 시험을 위한 공부	22.0	15.9	22.9	27.4	23.3	18.8	22.2	29.4	43.6	25.2	17.9	22.4	30.6	15.7	20.3	14.1	19.6	12.2	13.2
통신교육, e러닝	21.8	7.1	32.9	9.8	26.8	24.2	30.0	28.1	18.8	26.7	21.7	29.8	30.7	17.5	20.1	20.1	14.9	15.6	15.3
어학 공부	20.9	9.9	17.8	25.9	26.5	28.7	26.2	20.9	27.0	23.1	14.7	46.3	25.6	10.8	15.7	13.7	11.6	19.0	12.3
부업·겸업	19.5	8.9	14.7	15.4	20.3	18.6	33.9	31.5	27.1	29.5	13.6	25.4	26.8	14.3	20.6	12.2	12.1	11.4	13.4
NPO나 봉사활동 등 사회활동 참가	17.0	3.4	12.3	8.4	12.4	11.3	18.3	25.1	37.5	21.7	14.2	24.1	31.4	12.0	17.7	15.2	12.3	12.6	14.1
공부 모임 등을 주최·운영	12.8	2.9	18.1	9.6	15.3	10.2	13.7	11.8	13.1	18.9	9.9	19.7	23.4	8.4	11.9	9.2	12.6	11.5	9.5
대학·대학원·전문학교	8.1	1.7	5.9	3.5	7.2	5.3	5.6	13.8	10.8	14.8	7.4	5.5	13.0	8.3	12.5	4.5	11.2	4.9	10.5
기타	2.2	3.8	0.8	2.5	1.3	1.3	1.1	2.6	1.7	2.2	1.5	1.2	1.1	1.9	3.6	4.5	2.9	3.8	
딱히 아무것도 하고 있지 않다	18.0	52.6	20.6	19.3	14.5	18.8	13.4	5.6	5.4	9.5	20.1	3.6	3.2	28.6	15.7	24.1	21.2	22.6	28.1

※ 기준은 '전체 수', 괄호 안은 답변자 수
※ 득점의 차이는 색으로 구분(고득점: 청색, 저득점: 회색)
※ 대상 지역 [동아시아] 일본(도쿄, 오사카, 아이치), 중국(베이징, 상하이, 광저우), 한국(서울), 대만(타이베이), 홍콩, [동남아시아] 태국(그레이터 방콕), 필리핀(메트로 마닐라), 인도네시아(그레이터 자카르타), 말레이시아(쿠알라룸푸르), 싱가포르, 베트남(하노이, 호치민), [남아시아] 인도(델리, 뭄바이), [오세아니아] 오스트레일리아(시드니, 멜버른, 캔버라), [북아메리카] 미국(뉴욕, 워싱턴, 로스앤젤레스), [유럽] 영국(런던), 독일(베를린, 뮌헨, 함부르크), 프랑스(파리), 스웨덴(스톡홀름)
출처: 퍼솔통합연구소 '글로벌 취업 실태·성장 의식조사(2022년)'

무려, 일본에서는 50퍼센트 이상이 '제로 공부 직장인'이다.

어째서 이렇게까지 많은 일본인이 공부하지 않는 것일까?
그렇게 공부를 싫어하는 국민이었던가?
다른 나라와 비교했을 때 특출나게 게으른 것일까?

절대로 그렇지 않다. 새로운 혁신을 일으킬 발상력을 가진 천재가 많지는 않지만, 일본인은 세계적으로 봤을 때 확실히 '성실'하다. 열심히 배우고 열심히 일하는, 성실하고 정직한 국민이다.

그렇다면 공부하지 않는 일본인이 이렇게 많은 이유는 한 가지뿐이다.

"뭘 공부해야 할지 모르겠어…."

이것뿐이다. 일본의 중고등학생은 여전히 입시에만 매달린다. 사회에 나와서도 업무에 필요한 자격증을 취득하기 위해 공부하는 사람은 많다. 즉, '뭘 공부해야 하는지'만 알면 일본인은 자연스럽게 공부한다.

✎ '뭘 공부해야 할지 모르겠다'는 직장인이 대상

알다시피 현재는 '리스킬링' '인적자본경영'의 시대다. 정부도 기업도 인재 육성에 적극적이다.

환경은 이미 준비되었다. 물 들어왔을 때 노를 저어야 한다. 산업구조가 급변하면서 대기업들은 2023년부터 대규모 구조조정을 시작했다. 사업전환에 따라오지 못하는 사원은 살아남지 못하는 시대가 되었다. **살아남기 위해 공부를 해야 한다는 마음가짐이 필요하다.**
이 책을 집필한 이유이다. 이 책에서는 우리가 익혀야 할 지식과 기술로서 후생노동성이 추천하는 '전용성 소질(Transferable Skill)'을 중심으로 다룬다. 전용성 소질이란 어떤 업계에서 일하든 어떤 직종에서 일하든 활용할 수 있는 기술을 말한다.

이 전용성 소질을 일하면서 효과적으로 익히기 위한 사고법과 공부법을 철저하게 설명한다.

이 책은 'How'가 아닌 'What'을 중심으로 썼다.

'애초에 무엇을 공부해야 할지 모르겠어' 하고 고민하는 직장인을 대상으로 한 책이다.

읽기만 해도 앞으로의 시대에서 활약할 수 있는 비즈니스퍼슨의 필수 지식과 기술 '스무 종'을 손에 넣을 수 있다.

어떤 시대 변화에도 대응할 수 있는 비즈니스퍼슨이 되기 위해 부디 함께 배워가자.

요코야마 노부히로

CONTENTS

시작하며 … 4

PART 1
최고 컨설턴트가 알려주는 초효율적 전략 공부법이란?

제로 공부 직장인을 졸업하는 '근무 중 공부법' … 17
근무 중 공부의 포인트 세 가지 … 21
공부를 지속하게 만드는 '정확한 목표' 설정법 … 27
직장인이 해서는 안 되는 단 하나의 공부법 … 31

PART 2
최고 컨설턴트가 실천하는 '개념 기술' 공부법

01 가설 사고 습득하기
가설과 검증의 힘을 단련하는
고리 두 가지와 기본 사이클 셋 … 39

02 논리 사고력 습득하기
문제해결 능력을 극적으로 향상시키는 '로직 트리' 세 가지 … 51

03
광범위하게 생각하는 힘 습득하기
'MECE'를 의식할 수 있는 관점 다섯 가지 ··· 63

04
전체를 보는 힘 습득하기
관점을 높이는 '메타 사고' 훈련 세 단계 ··· 77

05
스케일 추정 습득하기
업무 효율을 압도적으로 향상시키는 순서 세 가지 ··· 87

06
페르미 추정 습득하기
'페르미 추정'을 사용해 숫자로 생각하는 기술을 익힌다 ··· 101

07
일을 진행하는 힘 습득하기
계획을 수행하는 힘이 크게 향상되는 요령 세 가지 ··· 113

08
설득력 있게 말하는 방법 습득하기
누구나 논리정연하게 발표할 수 있는 '피라미드구조' ··· 125

PART 3
최고 컨설턴트가 실천하는 '관계 기술' 공부법

09
마음을 사로잡는 말투 습득하기
스토리로 상대를 사로잡는 '스토리텔링' 전달 방식 … 137

10
공감력 습득하기
'인지적 공감'과 '정서적 공감'을 훈련하는 비결 두 가지 … 149

11
경청력 습득하기
'액티브 리스닝'의 마음가짐 세 가지와 훈련법 두 가지 … 161

12
질문력 습득하기
질문의 3대 기능을 알고 '질문의 질'을 키우자 … 173

13
코칭 스킬 습득하기
코칭의 기본과 원칙 '8단계 목표 설정' … 184

14
교섭 기술 습득하기
교섭은 준비가 90퍼센트! 기본 테크닉 두 가지 … 199

15
관리 기술 습득하기
프로젝트로 관리 기술을 갈고닦자! … 217

PART 4
최고 컨설턴트가 직장 밖에서 실천하는 공부법

16
독서법 습득하기 ①
놀라울 정도로 지식이 쌓이는 '수평 독서' … 235

17
독서법 습득하기 ②
초일류의 사고를 훔치는 '수직 독서' … 247

18
디지털 기술 습득하기
시대에 뒤떨어지지 않는 '디지털 기술'을 익히는 포인트 세 가지 … 256

19
검색 기술 습득하기
압도적인 정보수집을 가능하게 만드는 '수평 검색' … 264

20
연습 방법 습득하기
초효율적으로 기술을 향상시키는 '분해 통합 연습' … 272

마치며 … 284
참고 문헌 … 290

PART 1

최고 컨설턴트가 알려주는 초효율적 전략 공부법이란?

제로 공부 직장인을
졸업하는 '근무 중 공부법'

📝 직장인에게 '공부 시간'은 얼마나 필요한가?

직장인 공부에서 내가 가장 중요하게 생각하는 것이 있다. 바로 **충분한 공부 시간을 확보하는 것**이다. 아마도 많은 사람이 이렇게 반론할 것이다. '수능이나 자격증 시험공부도 아닌데 그렇게 많은 시간이 필요한가요?'라고 말이다.

그 말도 맞다. 일주일에 20~30시간씩 공부할 필요는 없다. 하지만 매일 몇 분, 일주일에 한 시간 정도 공부해서는 '제로 공부 직장인'을 졸업했다고 말할 수 없다.

그렇다면 공부 시간을 얼마만큼 확보해야 할까? 이 질문에 미국의 리더십 육성 기관인 로밍거에서 발표한 리더십 이론인 '로밍거의 법칙'을 이용해 설명해보자.

'로밍거의 법칙'이란 일하는 사람의 성장에 미치는 영향을 정리한 이론으로 '70:20:10의 법칙'이라고도 부른다.

사람의 성장에 큰 영향을 미치는 항목은 세 가지 비율로 나뉘며, 더 자세히는 다음과 같다.

- 직무 경험 : 70퍼센트
- 다른 사람과의 상호작용 : 20퍼센트
- 교육/독서 : 10퍼센트

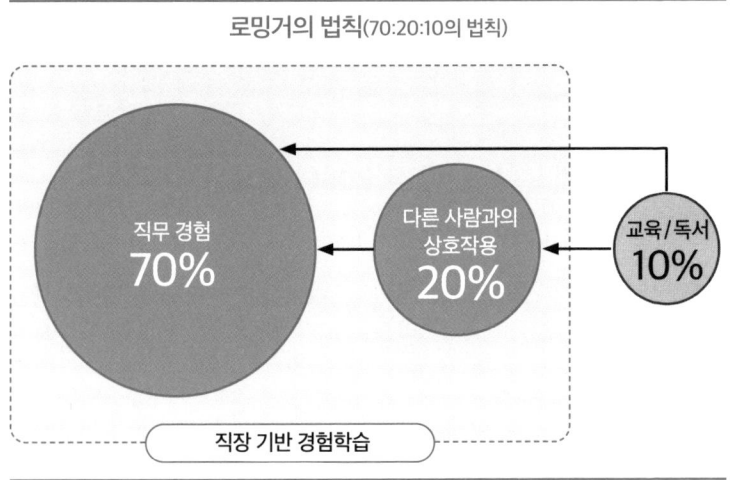

이때 연간 근로시간은 일인당 2000시간으로 계산한다(하루 8시간×월 21일간 근로×12개월=2016시간). 이것을 '70:20:10의 법칙'으로 나누면 다음과 같다.

- 직무 경험: 1400시간
- 다른 사람과의 상호작용: 400시간
- 교육 / 독서: 200시간

여기서 내가 가장 주목하는 것이 200시간의 '교육/독서'다. 이 200시간은 본인이 직접 확보해야 하는 공부 시간으로, 이 시간을 월평균으로 나누면 매월 16~17시간을 교육이나 독서를 통해 새로운 것을 배우는 시간으로 만들어야 한다는 말이 된다. 이것을 하루로 환산하면 대략 '매일 1시간'이다.

📝 바쁜 직장인에게 추천하는 '근무 중 공부법'

그렇다고는 해도 공부 시간을 확보하기는 쉽지 않다. 자격증 시험을 준비하기 위해서 6개월 혹은 1년 정도의 한시적 기간은 지속할 수 있다. 하지만 10년, 20년 동안 꾸준히 매월 16시간씩 공부해야 한다면 이렇게 생각하는 사람이 대부분일 것이다.

"그렇게까지는 못 해…."

"해낼 자신이 없어…."

게다가 나이가 들수록 육아나 부모 부양 등 인생의 다양한 이벤트가 차례로 이어진다.

그래서 내가 추천하는 방법이 '근무 중 공부법'이다.

이것은 직장인에게 특화된 학습법으로 시간이 부족한 사람이 근무시간 중에 최선을 다해서 공부하는 방법이다('최선을 다하는 것'이 포인트).

직장에서 할 일을 뒷전에 두고 몰래 공부하라는 뜻으로 오해해서는 안 된다. 자신에게 주어진 업무를 성실하게 하면서, 그 업무에서 배움(공부)의 요소를 획득하는 공부법이다.

회사에 기여하기 위해서는 물론이고 미래의 나를 위해 일하면서 공부하는 방법으로, 한 가지 사례를 소개하면 다음과 같다.

- 기획서를 작성하면서 피라미드구조 배우기

이렇게 정했다면 우선 '피라미드구조'에 대해 쓰인 책을 '수평 독서(이 책 235쪽 참조)'로 읽으며 지식을 채우고, 회사에서는 회의 중에 '피라미드구조(125쪽 참조)'를 조금씩 실천해가며 기술을 체득한다. 그 외에도 다음의 예처럼 항상 '일하면서 공부에 열중하기'를 실천한다.

- 점심을 먹으면서 '페르미 추정'을 훈련한다
- 회식 준비를 맡으면 '행사를 진행하는 능력'을 단련한다
- 고객과 미팅할 때는 '질문력'에 집중한다

근무시간 중이기 때문에 대충 공부할 여유는 없다. 자연스럽게 집중할 수 있는 만큼 공부의 효과도 높아진다.

'근무 중 공부법'의 실천 방법은 다음 장인 2장과 3장에서 자세히 소개하겠다.

또한 최근의 회사 업무들은 여러 방면에 걸쳐 있으며 동시에 엄청나게 빠른 속도로 새로운 개념·지식이 탄생하고 있다. 대표적인 예가 생성형 AI다. 여기에 대응하는 방법은 4장에서 별도로 소개하겠다. 이 책에서는 새로운 것을 배우기 위해 내가 실천하고 있는 정보수집법부터 지식을 얻기 위한 독서법, 최신 디지털 기술 습득법까지 자세하게 설명할 예정이니, 빠짐없이 골고루 읽어보길 바란다.

근무 중 공부의
포인트 세 가지

✎ '근무 중 공부법'의 포인트 세 가지

앞에서 소개했듯 직장인이라면 근무 중에 공부하는 것이 가장 효율적이면서 효과적인 방법일 것이다. 그래서 이 방식을 '근무 중 공부법'이라고 이름 붙였다. 포인트는 세 가지다.

① 일에서 결과를 내려고 할 것
② 전용성 소질에 초점을 맞출 것
③ 사내 제도를 철저하게 활용할 것

우선 첫 번째인 '일에서 결과를 내려고 할 것'부터 설명하겠다.

일에서 결과를 내기 위해 공부를 한다는 것은 매우 평범한 발상이다. 누구나 그렇게 할 것이고, 그렇게 해야만 한다. 하지만 나는 역설적으로 '자신의 공부를 위해 일에서 결과를 내자'라고 제안하는 것이다. 자신의 미래를 위해 지금 하고 있는 일에서 결과를 내야 하는 것이다.

원래 효과적으로 공부하기 위해서는 어느 정도 부담을 느껴야 한다. 별생각 없이 수업을 듣거나 책을 읽으면 머릿속에 남지 않는다. 기량도 키우지 못한다. **결과를 내고자 마음먹으면 적당한 스트레스를 받게 되고, 그 결과 자연스럽게 지식을 습득**하게 된다.

이 방법을 선택했을 때 얻게 되는 두 가지 장점이 있다.

**① 사내에서 좋은 평가를 받는다
② 기분 좋게 지속할 수 있다**

당연히 '사내에서 좋은 평가를 받게 된다'. 사실은 공부를 하기 위해서 한 행동이었지만 일에서 결과를 내기 위해 최선을 다한 덕분에 사내에서 좋은 평가를 받는다.

'기분 좋게 지속할 수 있는 것'도 당연한 결과다. 장래에 큰 도움이 되는 자격증 시험공부라고 하더라도 일과 아무 관련이 없는 공부에 많은 시간을 투자하면 꾸준히 이어가기 어렵다.

하지만 업무에서 결과를 내기 위한 방편으로 **"업무 효율화를 위해 '일을 진행하는 방식에 대해' 공부하고 있다" "고객의 구매심리를 알기 위해 '행동경제학' 수업을 받고 있다"**라고 하면 주변에서도 많은 도움을 준다.

✏️ '전용성 소질'이란?

'근무 중 공부법'의 두 번째 포인트는 '전용성 소질에 초점을 맞추는 것'이다.

'전용성 소질'이란 일반사단법인 인재서비스 산업협의회(JHR)가 개발한 개념으로 '업종과 직종이 바뀌어도 지속할 수 있는 업무 수행상의 기술'을 말한다.

이것은 비즈니스를 하는 사람에게 매우 중요한 개념이다.

전용성 소질에 대해서는 후생노동성 홈페이지에서 자세한 내용을 확인할 수 있다.

전용성 소질의 구성 요소

	성과를 올리기 위한 중요한 행동		직무수행상 특히 중요한 것
일하는 방법	과제를 명확하게 한다	현상 파악	과제 설정에 필요한 정보수집의 방법이나 내용, 정보분석 등
		과제를 설정하는 방법	설정하는 과제의 내용 (회사 전체, 사업·상품, 조직, 일의 진행 방식의 과제)
	계획을 세운다	계획을 세우는 방법	계획의 기간, 관계자·조율 사항의 양, 전례의 유무 등
	실행한다	실제 과제 수행	본인의 역할, 일정관리, 관계자, 유연한 대응의 필요성, 장애의 양, 성과의 부담감 등
		상황 대응	유연한 대응의 필요성, 예측의 용이성
	대인 관리에서 중요한 것		직무수행상 특히 중요한 것
대인관계 맺는 법	상사 / 사외 ↔ 사내 / 부하	사내 대응 (상사·경영진)	지시에 따를 필요성, 제안을 요구하는 정도, 사내에서의 역할 기대 등
		사외 대응 (고객, 협력사)	고객, 거래처, 대상자의 수, 관계의 지속 기간, 관계 구축의 난이도 등
		부하 직원 관리 (평가와 지도)	부하 직원의 인원수, 평가의 어려움, 지도·육성이 필요한 포인트 등

출처: 일반사단법인 인재서비스 산업협의회 〈'전용성 소질' 활용 연수〉

크게 '일하는 방법'과 '사람과 관계를 맺는 방법' 두 가지로 분류하며, 그 안의 각 요소는 다음과 같다.

> 일하는 방법

- 현상 파악 • 과제를 설정하는 방법 • 계획을 세우는 방법
- 실제 과제 수행 • 상황 대응

사람과 관계를 맺는 방법

• 사내 대응   • 사외 대응   • 부하 직원 관리

20년 가까이 컨설턴트로 일해온 경험에서 비추어봤을 때 전용성 요소의 개념은 무척 깔끔하게 정리되어 있다. 매우 중요한 요소로만 구성되어 있으며, 이 요소들의 기술 향상은 우리의 시장가치(Market Value)를 높인다. 다만, 표현이 다소 이해하기 어렵다. 지나치게 추상적이어서 무엇을 어떻게 해야 이 기술들을 습득할 수 있는지 쉽게 떠오르지 않는다.

그래서 이 책에서는 다음과 같이 표현을 바꾸고 싶다.

- **[일하는 방법] = 개념 기술(Conceptual Skill)**
   정의 : 복잡한 일을 개념화해서 본질을 파악하는 기술

- **[사람과 관계를 맺는 방법] = 관계 기술(Human skill)**
   정의 : 교섭이나 조율을 할 때 원활하게 의사소통할 수 있는 대인 기술

이처럼 이 두 방법을 '개념 기술'과 '관계 기술'이라는 명칭으로 다시 정의하면 무엇을 어떻게 공부해야 할지 구체적인 이미지를 떠올릴 수 있다. 이 두 가지 기술에 주목할 때 가장 큰 장점은 앞으로 일어날 일뿐만 아니라 지금 당장 해야 하는 일에도 도움이 된다는 것이다. 두 기술을 익히는 방법은 2장과 3장에서 자세하게 소개한다.

📝 사내 제도를 활용하지 않는 것은 어리석은 행동이다!

'근무 중 공부법'의 세 번째 포인트는 '사내 제도를 철저하게 활용하는 것'이다.

실무에 도움이 되는 교육은 누구나 받을 수 있다. 왜냐하면 그 지식과 기능을 습득하지 않으면 자신에게 주어진 업무를 수행할 수 없기 때문이다. 이것을 '필수(Must)' 공부라고 한다.

경리 담당자는 반드시 부기 공부를 해야 하며, 시스템엔지니어는 시스템설계 및 프로그래밍을 배우지 않으면 일을 할 수 없다.

한편, 앞에서 이야기한 개념 기술이나 관계 기술은 '필수(Must)'는 아니지만 '해두면 좋은(Nice to have)' 공부다. 그러니 '있으면 좋지만' '필수'는 아니라고 받아들이는 경향이 있다. 그래서 **"논리적 사고 교육을 받고 싶으세요?" "관리 기술을 처음부터 배울 수 있는 강좌가 있는데 어떠세요?"** 라며 회사가 권유해도 **"시간이 있으면 꼭 받아보고 싶은데, 최근에 조금 바빠서요"** 라고 하며 거절하는 사람이 매우 많다. 내가 이런 교육 프로그램의 강사를 하고 있기 때문에 더 많이 피부로 느낀다.

그러나 이는 매우 어리석은 태도다. '바빠서 교육받을 시간이 없어요'가 아니라 **"교육을 받기 위해 업무 일정을 조정해야겠어" "평소 상사와 대화를 나눌 때 더욱 신경 써야겠어"** 라고 의식해야 한다. 그렇게 의식하기만 해도 전용성 소질과 관계 기술 향상에 도움이 된다.

사내 제도가 충실하게 갖춰져 있고, 활용할 수 있는 권한이 있음에도 불구하고 전혀 관심을 두지 않는 사람이 너무 많다.

예전에 회사를 그만두고 프리랜서로 전향한 어떤 이가 **"독립한 후에는 공부하는 데도 돈이 들어요**. 회사에 다닐 때 사내 제도를 충분히 활용할 걸 그랬어요"라며 몹시 후회하는 걸 들은 적이 있다.

또한 사내 제도를 활용하면 당당하게 근무시간에 공부할 수 있다. 만약 근무시간 외에 공부해야 한다면, 그것은 추가 근무로 간주된다. 사내 제도를 잘 모르는 사람은 지금 바로 확인해보길 바란다.

사내 제도를 활용하지 않고 자기 돈으로, 심지어 근무시간 외에 온라인 회원제 모임이나 커뮤니티에 참가하며 시간을 낭비할 필요가 없다. '즐기는 게' 목적이라면 상관없지만 이런 활동은 공부가 되지도 기술 향상으로 이어지지도 않는다. 공부는 원칙적으로 혼자서 해야 한다.

'근무 중 공부'를 효율적으로 하기 위한 이 책 사용법

여기서는 이 책의 흐름을 간단하게 설명하겠다. 다음 장인 2장에서 개념 기술(=일하는 방법), 3장에서 관계 기술(사람과 관계를 맺는 방법)의 각 항목을 익히기 위한 '근무 중 공부법'을 하나씩 구체적으로 소개한다.

읽기만 해도 지식과 기술이 몸에 밸 것이다. 어떤 상황에서 '근무 중 공부법'을 실천하면 좋을지 그림이 그려질 것이다.

공부를 지속하게 만드는 '정확한 목표' 설정법

📝 무엇을 위해 공부하냐고 '재촉하지 말기'

컨설턴트로서 내가 개념 기술과 관계 기술을 어떻게 배웠는지 이야기하기 전에 먼저 언급할 것이 있다.

<u>직장인의 공부 목적은 '공부하기' 자체여도 상관없다.</u> 등산의 목적과 비슷하다. 등산을 좋아하는 사람은 산에 오르고 싶어서 등산을 한다. 그 목적을 달성하고 나면 자연스레 기분이 좋아지고 성취감을 느낀다. 모두 달성한 후에 이어지는 감정이다.

직장인의 공부법도 마찬가지다. 목적은 '공부'이고, 착실하게 공부하면 뇌가 활성화되어 유연성이 길러지고 스트레스 내성이 높아진다. 생각하는 힘이 길러지고 각오를 다지게 된다.

나는 16년 넘게 뉴스레터를 발행하고 있다. 주에 2~5회 발행하고 있는데 연체된 적은 한 번도 없다.

'무엇을 위한 뉴스레터인가?'라며 자문자답할 때도 있지만 곧바로 감정을 다스린다. 그러지 않으면 지속하지 못할 것 같은 느낌이 들기 때문이다.

공부할 때도 마찬가지다. '지속하기 위해 공부하자' 습관으로 만들기 위해 공부하자'라며 재촉하지 말 것을 추천한다.

📝 '공부한 보람'이 있는 목표 설정법

그렇다고 해서 아무 생각 없이 공부하면 효과를 실감할 수 없다. 목적은 차치하더라도 목표는 정하는 것이 좋다. 결승점 혹은 목적지 말이다. 목표를 정하지 않으면 책을 대충 읽거나 아무 생각 없이 교육을 받게 된다. 공부하는 것 자체가 중요하다고 하지만 목표가 없으면 아무래도 효율적으로 배울 수 없다.

게다가 '공부한 보람'이 없지 않은가. 자격증 시험은 가장 알기 쉬운 목표다. 하지만 자격증 시험처럼 알기 쉬운 목표가 없다면 지금부터 소개하는 '이해 레벨의 4단계'를 참고하길 바란다. 공부하는 데 매우 중요한 기준이다.

우선 레벨 2를 목표로 경험을 쌓은 후 레벨 3으로 간다. 만일 상급자로서 부하 직원을 육성하거나 고객에게 설명해야 한다면 레벨 4를 목표로 삼는 것이 좋다.

📝 '이해'에는 네 단계가 있다

그럼 곧바로 '이해 레벨의 4단계'에 대해서 설명하겠다. 우선 '이해에는 네 가지 레벨이 있으며, 순서를 건너뛰고 다음 단계로 넘어갈 수 없다는 것'을 기억해두자.

우선 이해 레벨 1이다. 배우고자 하는 생각이 없거나 인터넷 기사, 블로그, 동영상 같은 단편적인 정보만 가지고 공부를 하면 표면적인 지식밖에 얻지 못한다. 이해는커녕 '올바른 지식'조차 습득할 수 없다.

이렇듯 입체적인 관점을 손에 얻지 못하면 공부를 해도 '참고가 되었다/참고가 되지 않았다' 정도의 얕은 기억만 남는다. 이것이 레벨 1의 상태다.

이어서 이해 레벨 2는 다양한 지식습득을 통해 입체적인 관점에서 상황을 볼 수 있는 상태다. **전체적인 모습을 이해한 상태에서 무엇이 논점이고, 무엇이 화제이며, 무엇이 구체적인 방법인지까지 정리할 수 있다.** 이 레벨이 되기 위해서는 체계적으로 작성된 여러 권의 책이나 교육을 통한 지식습득이 필요하다.

한편 체계적으로 지식을 습득해도 실제로 경험해보고 안정된 성과를 내지 못하면 이해할 수 없다.

지식을 채우면 처음에는 다 알 것 같은 기분이 든다. 하지만 지식을 응용해봐도 일이 잘 풀리지 않는 상황이 늘어나면 납득할 수 없게 된다. '정말로 이 지식과 노하우가 도움이 될까?'라고 의심하게 된다.

이해 = 말 × 체험

이 공식을 머릿속에 기억하고 지식을 바탕으로 실천을 반복한다. 지식과 경험이 자산이 되면 언젠가 점과 점이 이어져 스티브 잡스가 말한 '점과 점을 연결하라(Connecting the dots)'를 직접 경험하게 된다. 그렇게 되면 복리 곡선을 그리듯 이해 레벨이 올라간다.

'아, 그렇구나!' 하고 이해가 되는 경험을 했다면 이해 레벨 3의 상태에 도달했다고 생각하면 된다. 여기서 중요한 건 '지식을 바탕으로 한 경험'이 늘어난다는 것이다. 자신만의 방식으로 경험을 쌓아도 점과 점을 연결하기는 쉽지 않다.

더욱이 레벨이 올라가면 이해하는 것에서 끝나지 않는다. 풍부한 지식 자산과 경험자산을 통해 남의 말을 빌려 쓰는 것이 아니라 자신의 언어로 다른 사람을 가르칠 수 있는 경지에 도달하게 된다. 이것이 이해 레벨 4의 상태다.

수많은 시행착오를 겪었기 때문에 감각이 연마된다. 무엇이 좋고, 나쁜지 순식간에 꿰뚫어 볼 수 있다. 이해 레벨 4에 도달하면 지식과 지혜뿐만 아니라 지성이 몸에 배었다고 생각해도 좋다.

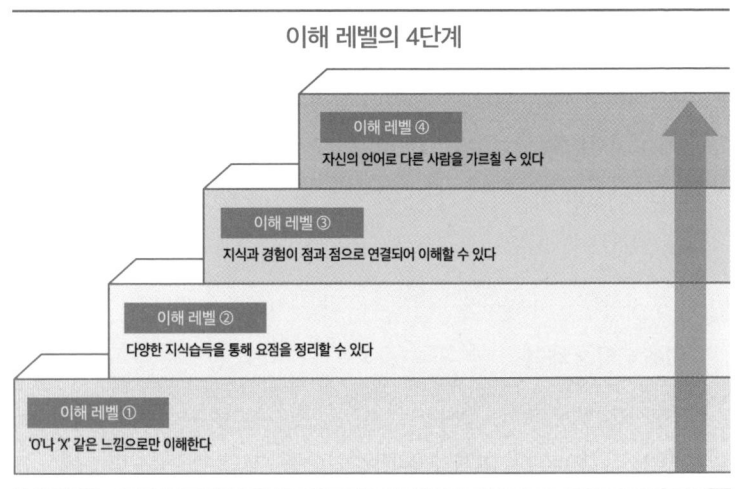

이러한 기준을 기억해둔 상태에서 학습을 하거나 책을 읽으면 효과적으로 공부할 수 있다.

직장인이 해서는 안 되는 단 하나의 공부법

📝 온라인 회원제 모임이나 커뮤니티에는 참석하지 않는다

여기서는 직장인이 해서는 안 되는 공부법을 소개하겠다. 바로 교류가 주 목적인 강좌나 온라인 회원제 모임에 참석하는 것이다. 사람과 사람이 교류할 시간이나 기회를 무턱대고 추천하는 커뮤니티나 온라인 회원제 모임은 가능한 한 피하는 것이 좋다.

물론 동기부여를 유지하는 데는 효과적이다. 하지만 만남에 많은 시간을 투자하면 공부 효율이 매우 떨어진다.

내가 특히 싫어하는 말이 있다. '많이 배웠습니다'라는 말이다. 모임에서 비즈니스를 하는 사람과 만나 이런저런 이야기를 나누다 보면 **"많이 배웠습니다" "깊은 가르침을 얻는 시간이었습니다"**라는 말을 들을 때가 많다. 특정 주제를 다룬 강연에서 이런 말을 들으면 기쁘지만 '실제로 어떤 공부가 되었나요?'라고 묻고 싶어진다. 무언가를 배웠을 때의 포인트는 '기억'이다. 그렇다면 도대체 무엇을 기억하고 있을까? '필요한 순간에 적절히 활용할 수 있도록 뇌에 저장한 지식과 노하우는 무엇인가요?'라고 묻고 싶어진다.

그 순간의 '깨달음'을 얻은 것만으로 '많이 배웠다'라고 말하는 것이 아닐까? 사실 나도 예전에는 무언가를 숨기기 위해 그렇게 말했었다. 여러 모임에 참가해 저명한 저자, 경영인들을 만나 '많이 배웠다'라고 말하고 다니던 시절이 있었다. 물론 즐거웠고, 그 시간을 충실하게 보냈다. 하지만 결국은 아무것도 남지 않았다.

✎ 공부는 혼자서 하는 것

앞에서도 말했듯이 공부는 혼자서 해야 한다. 자격증 시험이나 고교 입시, 대학 입시를 떠올려 보자. 다른 사람의 자극을 받는 것은 중요하다. 하지만 누군가와 교류할 시간이 있다면 그 시간에 10~20분이라도 더 공부하는 것이 좋다. 직장인이 되어서도 마찬가지다.

물론 사람과의 교류를 통해 배울 수 있는 것도 많다.

하지만 **그것은 주제에 대한 이해 레벨이 3 이상 되었을 때여야 한다**('이해 레벨'은 28쪽 참조).

이해 레벨이 3 이상이 되면 같은 레벨 이상의 사람과 대화를 통해 깊은 깨달음을 얻을 수 있다.

예를 들어 '채용 과정에서의 AI 활용'이라는 주제로 생각해보자. 이해 레벨 1의 사람은 **"역시 채용 면접에서도 AI를 활용하는 게 좋겠네요. 많이 배웠습니다"**라고밖에 말하지 못한다. 이러한 답변을 들은 상대도 '아, 그렇죠. 아무래도 시대가 바뀌고 있으니까요' 같은 반응밖에 하지 못한다.

이해 레벨이 낮은 사람은 '호구'가 된다

"오늘도 많이 배웠습니다. 감사합니다."

이 정도의 감상밖에 말하지 못하는 사람은 우선 그 주제에 대한 지식과 노하우를 충분히 공부한 후에 다시 커뮤니티나 온라인 회원제 모임에 참석해야 한다.

공부했는지 확인하는 방법은 기억하고 있는 지식량을 측정하는 것이다. 단순히 지식을 늘린다고 좋은 것은 아니다. 그런데 체계적인 기초 지식이 없으면 지식과 경험이 이어져 새로운 식견과 지혜를 만들지 못한다.

이해가 부족하면 커뮤니티나 온라인 회원제 모임의 정점에 있는 운영자의 '지갑'이 될 뿐이다. 언젠가 성과가 나올 것이라고 믿으며 비싼 회비를 계속해서 지불하게 된다.

그뿐 아니라 모임에서 이해 레벨이 높은 다른 회원의 영업 타깃이 되는 경우도 많다. 다른 모임에 참가를 권유받거나 고액의 정보를 사게 될 가능성도 있다. 즉 '호구'가 되는 것이다.

'댐식 공부'를 생각한다

내가 추천하는 이상적인 공부는 '댐식 공부'다. 마쓰시타 고노스케(松下幸之助)가 주장한 '댐식 경영'과 같은 발상이다.

<u>필요할 때 필요한 만큼 공부하는 것이 아니라 평상시 공부를 통해 일정량의 지식과 노하우를 항상 비축해두기</u>. 이것이 댐식 공부다. 돈처럼 지식이나 노하우 자산에 여유가 있으면 걱정할 필요가 없다. 이때다 싶을 때, 비축해두었던 지식이나 노하우를 유용하게 활용할 수 있다.

그러니까 '직장인의 배움'에서는 다소 부담이 되더라도 이해 레벨 2까지는 반드시 올려야 한다. 지식량을 늘리는 데 힘을 쏟아야 한다.

공부는 입시나 자격증 취득에 비해 이해하기 쉽다. 같은 목표를 가진 사람들과 모여 정보를 교환하는 것도 좋지만 기본적으로는 혼자서 해야 한다. 학생이나 직장인이나 마찬가지다. 공부는 고독한 작업이자 자신과의 싸움이다.

📝 먼저 배워야 하는 것은 개념 기술?

자, 여기까지 읽었다면 내가 35세부터 극적으로 일을 잘하게 된 비결을 알게 되었을 것이다.

다음 장인 2장, 3장에서 실제로 내가 실천한 '근무 중 공부법'을 사례와 함께 이해하기 쉽게 소개하겠다.

여기서 개념 기술을 관계 기술보다 먼저 소개한 이유가 있다. 개념 기술을 먼저 익혀야 관계 기술도 효율적으로 공부할 수 있기 때문이다.

내가 늘 마음속에 새기고 있는 이나모리 가즈오(稻盛和夫)의 명언이 있다.

바보 같은 사람은 단순한 일을 복잡하게 생각한다
평범한 사람은 복잡한 일을 복잡하게 생각한다
현명한 사람은 복잡한 일을 단순하게 생각한다

단순한 일을 복잡하게 생각하는 사람은 관계 기술(=의사소통 기술)을 단련해도 쉽게 향상되지 않는다. 스스로 정리하지 못하면 논리정연하게 전달할 수 없다. 적당히 질문으로 때우려고 하면 상대로부터 반감을 살 수 있다.

복잡하게 생각하는 사람이 코칭 기법을 사용하면 상대는 더욱 혼란스러워질 뿐이다.

물론 2장, 3장은 관심이 가는 기술에 초점을 맞춰 원하는 부분만 골라 읽어도 된다.

하지만 가능하다면 개념 기술부터 읽어가며 실천해보길 바란다. 시대가 점점 복잡해지고 불확실하며 모호성이 높아지고 있기 때문이다.

이 개념 기술이 당신의 머릿속을 깔끔하게 정리하고, 평소의 의문점들을 해소해 초조함을 없애줄 것이다.

PART 2

최고 컨설턴트가 실천하는 '개념 기술' 공부법

01 가설 사고 습득하기

가설과 검증의 힘을 단련하는 고리 두 가지와 기본 사이클 셋

※ 전용성 소질[일하는 방법: 과제를 설정하는 방법]

📝 컨설턴트의 필수 조건인 '가설 사고'

컨설턴트의 실력은 '세운 가설의 정밀도'로 가늠할 수 있다. 보통 사람은 생각할 수 없을 만큼 빠르게 정밀도 높고 예리한 가설을 세울 수 있는 컨설턴트가 흔히 말하는 '최고의 컨설턴트'다.

'가설 사고'는 컨설턴트의 무기이지만 그 지식과 기술은 누구든지 평소 업무나 생활 속에서 충분히 습득할 수 있다. 그렇다면 어떻게 해야 가설 사고를 단련할 수 있을까?

가설 사고는 비즈니스를 하는 사람에게 가장 중요한 개념 기술이기도 하다. 여기서 확실하게 배워서 반드시 자신의 것으로 만들기 바란다.

📝 가설 사고를 익히는 사고 습관 두 가지

우선 '가설이란 무엇'이며 '가설 사고란 무엇을 가리키는지'에 대해서 설명하겠다.

'가설'이란 아직 증명되진 않았지만 현시점에서 가장 정답에 가깝다고 생각하는 해답을 말한다. '정답 근처'라고 생각하면 이해하기 쉽다.

그렇다면 '가설 사고'란 무엇일까?

가설 사고란 답(정확히는 '답'이라는 말도 틀렸지만)부터 생각하는 것을 말한다. 즉, 과제를 분석해서 답을 내놓는 것이 아니라 먼저 답을 내린 후에 분석하고 증명하는 사고법이다.

이 가설 사고를 체화하기 위해서는 평소에 가설을 검증하는 습관을 들여야 한다. 구체적으로는 다음과 같다.

① **가설을 세운다**
② **세운 가설을 검증한다**

이 두 가지를 조합해 매일 실천하고 배우면 '가설 사고'를 가질 수 있다. 예를 들어 상사로부터 **"업무 효율을 높여야 하는데, 괜찮은 아이디어 없어요?"** 라는 질문을 받았다고 하자. 당연히 '유일무이한 정답'이 있는 건 아니다. 그래서 가설을 세우는 힘이 필요하다. 번뜩 떠오른 생각대로 **"효율을 높일 수 있게 더욱 실력을 키우겠습니다!"** 라고 답한다면 상사는 분명 "무슨 근거로?"라고 물을 것이다. **"아니, 그러니까 어떻게든 해봐야죠, 그렇지 않나요?"** 라고 대답해서는 가설 사고를 한다고 말할 수 없다. '업무의 효율을 높이기 위해 실력을 키워야 한다'라는 가설을 세우는 것까지는 좋았다. 하지만 그 가설을 검증하지 않고 발언했기 때문에 문제가 되는 것이다.

검증 없는 가설은 순간적으로 떠올린 생각에 불과하다. 그 증거가 바로 '그렇지 않나요?'라고 상사에게 되묻는 모습이다. 머릿속으로 가설을 검증하지 않은 채 검증을 상대에게 떠넘긴 것이다.

📝 머리 회전이 빠른 사람의 기본 사이클 셋

가설 사고는 '점'이 아닌 '원'으로 생각하자. 왜 '저 사람은 머리 회전이 빨라'라고 말할까? 그것은 가설 검증의 사이클을 머릿속에서 빠르게 돌리는 습관이 있기 때문이다. 여기서 '사이클'은 빙글빙글 회전하는 이미지를 가지고 있다. 구체적으로 다음과 같은 모습이다.

① 가설을 세운다
② 세운 가설을 검증한다
③ 가설이 맞을 때까지 ①로 돌아간다

어떻게 가설을 세우고, 어떻게 검증하는가? 이 방법은 뒤에서 설명할 예정이다. 지금은 일단은 회전하는 이미지를 떠올려 보자. 일할 때 ① 가설 세우기만 하는 사람은 **"조금 더 생각해보고 말하세요" "그냥 아무렇게나 행동해서는 의미가 없어요"** 라는 지적을 당한다. '점'으로 생각할 뿐 머릿속으로 생각하지 않는다. 애초에 '사고가 정지'된 사람은 가설 세우기조차 못한다.

"생각해봐도 잘 모르겠어요."
"어떻게 해야 하는지 과장님이 알려주세요."

이런 식으로 스스로 생각하지 않고 바로 질문하거나 검색한다. 특히 인터넷 사회가 되면서 '가설 없이 검색'하는 사람이 극단적으로 증가했다. 이런 습관이 몸에 배면 생각하는 힘이 조금씩 약해지므로 주의해야 한다.

📝 '가설 검증 사이클'의 여섯 가지 순서

당연히 가설이 맞는지는 실천해봐야만 알 수 있다(실천해도 모르는 경우도 많다). 머리로 가설 검증 사이클을 돌려 시뮬레이션하는 것도 중요하지만 그것만으로는 가설의 정밀도를 높일 수 없다. 따라서 실천과 검증을 더한 다음의 여섯 가지가 기본 순서다.

① 가설을 세운다
② 세운 가설을 검증한다
③ 가설이 맞을 때까지 ①로 돌아간다
④ 가설대로 실천한다
⑤ 실천 결과를 토대로 가설을 검증한다
⑥ 가설이 맞을 때까지 ①로 돌아간다

앞에서 이야기한 '업무의 효율화'를 예로 들면 다음과 같다.

① 가설을 세운다 → '실력을 키우면 된다'
② 세운 가설을 검증한다 → '실력이 필요하지 않은 작업도 많다'
③ 가설이 맞을 때까지 ①로 돌아간다 → '맞지 않다'
①' 가설을 세운다 → '정확하게 준비한다'
②' 세운 가설을 검증한다 → '확실히 준비를 소홀하게 했다'
③' 가설이 맞을 때까지 ①로 돌아간다 → '맞다'
④ 가설대로 실천한다 → '정확하게 준비해서 일을 진행했다'
⑤ 실천 결과를 토대로 가설을 검증한다 → '예상과 달리 10퍼센트밖에

개선되지 않았다'

⑥ 가설이 맞을 때까지 ①로 돌아간다 → '맞지 않다'

우선 ①에서 ③까지 시뮬레이션하며 실천을 통해 가설을 검증한다. 그래서 이중, 삼중의 원을 그려가며 회전을 시킬 수 있다. 실행하는 힘도 중요하다. **머리 회전이 빠르면서 실행하는 힘까지 좋은 사람은 짧은 기간 안에 '정답에 가까운 가설'을 손에 넣을 수 있다.**

또한 경험이 풍부하면 과거의 경험을 떠올리며 "가설 A가 괜찮을 거야. 아니, 꼭 그런 것만은 아니지. 3년 전에 그렇게 해서 실패했었어. 그렇다면 아무래도 가설 B가 낫겠지? 실패한 경험도 있고, 여러 책에서 그렇게 말하기도 하고. 예전에 상사도 이 선택으로 일이 잘되었어. 역시 **가설 B로 가야겠어**" 하며 머릿속에서 정밀도 높은 가설 검증 사이클을 돌릴 수 있다.

베테랑이 "**해보지 않아도 알아. 이 가설은 아니야**"라며 곧바로 결론을 내릴 수 있는 것은 가설 검증 사이클을 돌려온 역사가 있기 때문이다.

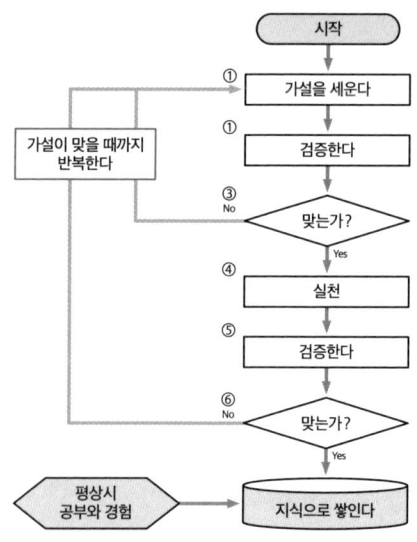

✎ '지식 × 정보'의 조합으로 가설의 정밀도를 높인다

그렇다면 어떻게 가설을 세우고 검증해야 할까? 구체적으로 알아보자.

우선 처음부터 어림짐작으로 가설을 세우면 무한루프에 빠진다. '생각'하지 못하고, '망설이기만' 하는 사람은 첫 가설의 정밀도가 낮거나 검증하는 방식의 질이 나쁘기 때문이다. 그렇다면 다음 두 가지의 질을 높이기 위해서는 어떻게 해야 할까?

① 가설을 세운다
② 세운 가설을 검증한다

질 높은 '지식 × 정보'를 조합하면 된다.

지식은 '레시피', 정보는 '식재료'라고 생각한다. 정확한 지식(레시피)으로 정보(식재료)를 조리하면 맛있는 요리가 완성된다. 지식은 많이 가질 필요 없다. 가설을 세울 수 있는 만큼만 모으면 충분하다.

"업무의 효율을 높이기 위해서는 어떻게 해야 할까?" 우선 이 세상에 존재하는 업무 효율 향상 노하우를 모은다. 과거와 달리 놀라울 정도로 빠르게 정보를 수집할 수 있다. 챗GPT 같은 대화형 생성 AI에게 질문해도 된다. 상식선의 노하우라면 빠르게 손에 넣을 수 있다.

그렇다면 조사한 결과를 쭉 나열해보자.

• 사전 준비를 철저하게 한다 / • 하지 않을 것을 정한다 / • 시간을 블록화한다 / • 일을 자동화한다, 맡긴다 / • '해야 할 일 목록'을 활용해 업무를 관리한다 / • 책상 주변을 정리한다 / • 휴식 시간을 만든다

이처럼 '업무 효율화'의 일반적인 노하우와 지식을 모았다면, 여기서 일단 가설을 세운다.

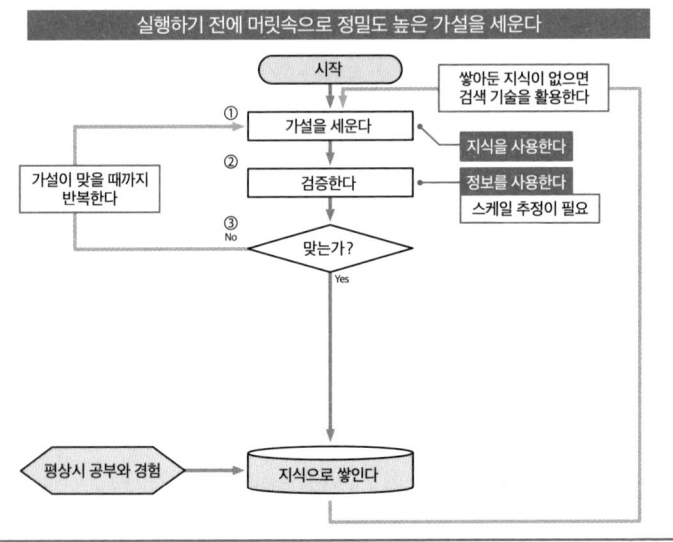

왜 '아무렇게나 행동해서는 안 되는가'?

가설을 세울 때는 반드시 '복수의 선택지에서 좁혀야 한다'는 것을 염두한다. '발산과 수렴' '펼치거나 좁히기'를 머릿속으로 그려본다. 무작정 시작하지 않는다(하나로 좁히지 않는다).

이것은 감각적으로도 좋은 방법이며 '나 같은 경우에는 세 가지'를 임시로 결정한다.

- 하지 않을 것을 정한다
- 시간을 블록화한다
- 업무를 자동화한다, 맡긴다

여기에서 다시 하나로 좁히는데 이때 '정보'를 사용한다. **지식과 정보를 조합하면 '확실한 증거'를 발견할 수 있다.**

예를 들어 한 달 동안, 업무를 재정비한 후 가설대로 실천해 어느 정도의 시간을 감축할 수 있는지 '스케일 추정'을 통해 다음과 같은 예측을 했다고 하자(스케일 추정 공부법은 87쪽을 참조).

- 하지 않을 것을 정한다 → 8시간 감축
- 시간을 블록화한다 → 16시간 감축
- 업무를 자동화한다, 맡긴다 → 4시간 감축

만약 직감적으로 '업무를 자동화한다/맡긴다'가 가장 효과가 뛰어난 대책이라고 생각했던 사람은 의외의 예측 결과에 놀랄 것이다. 만약 납득하지 못하겠다면 실제로 해보면 된다. 세 가지 가설을 실천해봤다.

- 하지 않을 것을 정한다 → 6.4시간 감축
- 시간을 블록화한다 → 12.6시간 감축
- 업무를 자동화한다, 맡긴다 → 7시간 감축

이런 결과가 나오면 '역시 가설은 틀리지 않았어'라고 생각하게 된다. 반대로 다음과 같은 결과가 나오면 가설을 세운 방식에 문제가 있다고 생각하자.

- 하지 않을 것을 정한다 → 11시간 감축

- 시간을 블록화한다 → 4.3시간 감축
- 업무를 자동화한다, 맡긴다 → 14시간 감축

이러한 일련의 흐름을 '시행착오'라고 말한다. 정밀도 높은 가설을 세우고 질 좋은 검증을 이어가다 보면 시행착오를 통해 겪는 스트레스가 생각만큼 커지지는 않을 것이다.

'그냥 아무렇게나 행동해서는 안 돼요'라는 말을 듣는 사람은 실천하기 전에 가설 검증을 확실하게 해야 한다.

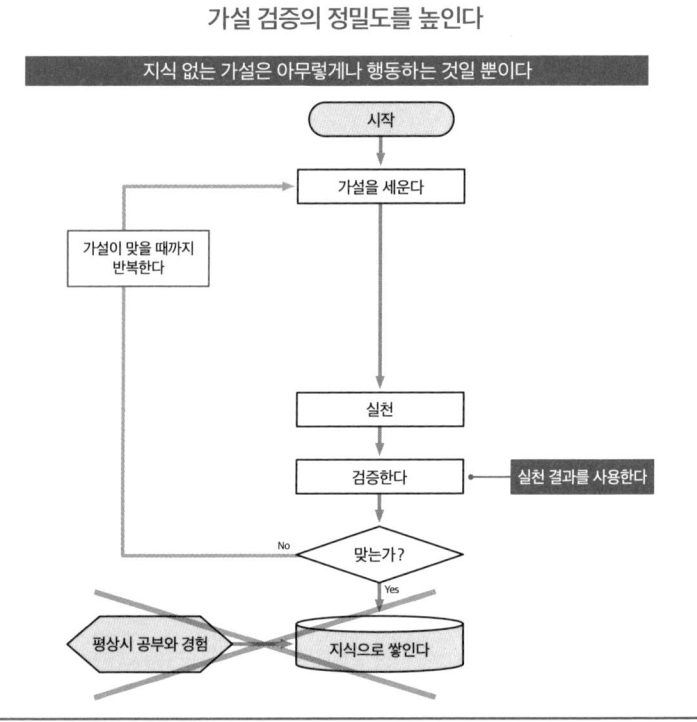

가설 검증의 정밀도를 높인다

📝 가설 사고를 익히기 위한 나만의 학습법

마지막으로 내가 가설 사고에 익숙해지기 위해 평소 업무에서 특별히 신경 쓰는 부분을 소개하겠다.

내가 가설 사고를 의도적으로 의식할 때는 회의에 참석하기 전이다.

사내에서 진행하는 회의, 고객과의 미팅 모두 마찬가지다. '가설 없는 회의'에는 절대로 참석하지 않는다.

따라서 '내가 왜 이 회의에 참석해야 하는가?', 참석 전에는 '회의 끝난 후에 어떤 결과가 나와야 바람직한가?'를 머릿속으로 충분히 생각한다.

==만약 가설을 세우는데 정보가 부족하면 회의가 소집된 시점에서 상대방에게 확인한다.==

"기획 회의에 참석하는 건 좋은데, 내가 참석해야 하는 이유가 뭐죠? 회의가 끝난 후에 어떤 결과가 나오기를 바라나요?"

이런 질문을 하면 가설을 세우는 데 필요한 정보를 얻을 수 있다.

"저희가 준비하고 있는 기획에 대한 조언을 듣고 싶습니다. 회의가 끝난 후에는 기획이 더욱 좋은 방향으로 잡히길 바라고 있습니다."

이런 대답과 함께 미리 기획 내용을 받아둔다. 그리고 자기 나름대로 '어떻게 하면 이 기획을 더욱 좋은 방향으로 가져갈 수 있을까?' 가설을 세우고 머릿속으로 검증한 후 만약 정보가 부족하면 더 많은 질문을 하고 회의에 참석한다.

이처럼 회의 전에 가설을 검증하면 의외로 실제 회의에 참석하지 않아도 될 때가 많다. 담당자와 연락을 주고받는 사이에 '문제가 해결되었습니다' '개선점을 찾았습니다'라는 말을 듣게 되기 때문이다. 회의하기 전에 해결되므로 매우 효율적이다.

📝 딱 한 가지 조언!

이 모든 과정이 아직 익숙하지 않다면 혼자서 가설을 검증한다. 그래야 자신만의 속도로 가설을 세우고 검증할 수 있다. 회의 중이나 미팅 중에는 자신의 속도대로 생각할 수 없다. if-then 조건분기의 흐름을 머릿속에 떠올리며 가설을 세우고 검증하기 어렵다.

그래서 습관이 되기 전까지는 혼자서 생각할 수 있는 환경을 만들어야 한다. 그런 환경을 만들기 어렵다면 **"잠시 생각해볼게요" "내일까지 시간을 주셨으면 좋겠어요"**라고 말한 후 그 자리에서 잠시 벗어난다.

그렇게 하지 않으면 '가설 없는 아이디어'나 '검증 없는 가설'을 내놓게 된다.

02 논리 사고력 습득하기

문제해결 능력을 극적으로 향상시키는 '로직 트리' 세 가지

※ 전용성 소질[일하는 방법: 과제를 설정하는 방법]

📝 컨설턴트의 가장 큰 무기 '로직 트리'

컨설턴트의 가장 큰 기술은 '논리 사고력(Logical Thinking)'으로, 이것은 컨설턴트의 '면허증'과 같은 것이다. 이 기술이 없으면 의뢰인이 안고 있는 문제를 정리할 수 없다. 원인도 특정할 수 없고, 설득력 있는 해결책도 설정할 수 없다.

논리적 사고에서 필요한 것이 '로직 트리'다. 나는 20년 가까이 화이트보드에 '로직 트리'를 그려가며 이 기술을 연마하고 있다. 로직 트리를 사용해 논리적 사고를 할 수 있으면 전용성 소질의 '과제를 설정하는 방법'이 눈에 띄게 좋아진다.

그래서 이번에는 논리적 사고를 익히는 데 필요한 프레임워크 '로직 트리'를 배워보자.

📝 로직 트리는 이 셋만 기억하자

애초에 로직 트리란 무엇일까? 어떤 주제(나무의 줄기)를 분해하면 구성 요소가 가지나 잎처럼 뻗어 나간다고 해서 로직 트리라는 이름이 붙었다.

문제와 원인을 정리하고 명확하게 하는 데 사용된다.

포인트는 '요소 분해'다.

<u>문제의 주제를 요소 분해하기 위해 '로직 트리'를 사용해 의논하면 해당 주제와 관련 없는 내용을 언급하지 않게 된다.</u> 그 결과 엉뚱한 방향으로 이야기가 흘러가지 않기 때문에 생산성 높은 토론이 가능하다.

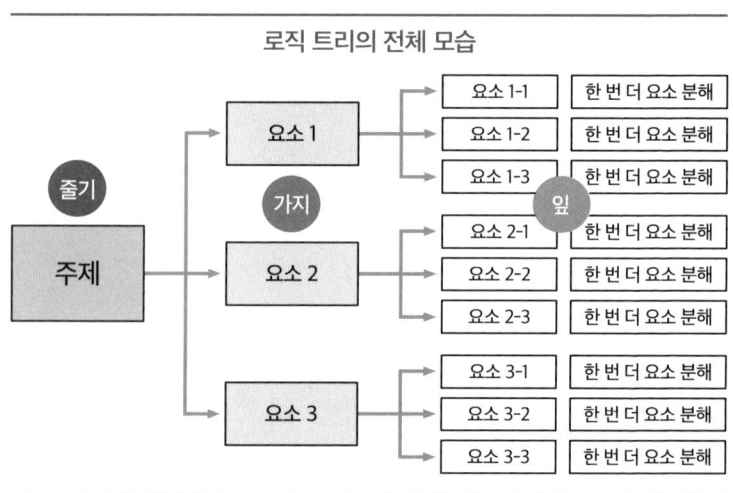

로직 트리의 전체 모습

그런데 통틀어 로직 트리라고 하지만 다양한 종류의 트리가 있다. 그 중에서 다음의 셋만 기억하면 충분하다.

각 트리의 목적은 다음과 같다.

- What 트리: 문제를 특정하기 위한 트리
- Why 트리: 원인을 추구하기 위한 트리
- How 트리: 해결책을 찾기 위한 트리

기본을 기억하고 있으면 세 가지 트리를 모두 사용할 수 있으므로 우선 'What 트리'에 대해 배워보자. 문제를 특정하는 데 도움이 되는 로직 트리다.

What 트리로 문제를 특정하는 방법

사례를 이용해 구체적인 트리를 그려보자.

화이트보드를 준비했다면 전체를 크게 활용해 왼쪽에서 오른쪽으로 뻗은 나무(트리)를 그린다. 직사각형의 도형을 그리고 안에는 문자를 넣어 앞 페이지 그림처럼 로직 트리를 만든다.

보통 서너 개 층 정도면 적당하다. 그리고 왼쪽 끝에 현재 문제가 되는 주제를 적는다.

예를 들어 다음과 같은 문제가 있다고 하자.

- 케이크 가게의 매출이 늘지 않는다

로직 트리를 사용하지 않고 다짜고짜 원인과 해결책을 생각하기 시작하면,

- 근처에 생긴 편의점의 영향이 크다
- 가격 인상의 영향
- 최근 들어 사람들이 케이크를 먹지 않는다

이렇게 감각적으로 떠올린 내용만으로 회의를 진행하게 된다. 이런 내용을 화이트보드에 쓴다고 해서 문제가 정리되는 것은 아니다.
그래서 처음에는 주제에 맞춰 요소를 분해한다.

- '케이크 가게의 매출'은 어떤 요소로 구성되어 있는가?

우선 여러 '관점'을 떠올린다. 어떤 관점을 선택하느냐에 따라 의논의 핵심이 완전히 달라지기 때문이다. 순간적으로 떠올린 관점을 적어보자.

- 메뉴별 매출
- 요일별 매출
- 계절별 매출
- 고객 속성별 매출

이렇듯 메뉴별로 나누었을 때 어떤 케이크, 어떤 과자, 어떤 선물용 제품의 매출 기여도가 떨어지는지 알 수 있다. 요일별로 분해하면 어떤 요일의 매출이 저조한지 판단할 수 있다. 계절이나 기념일(크리스마스나 발렌타인데이, 어린이날 등)의 매출은 어떤지 궁금해지는 관점이다. 이 부분은 직감으로 정해도 좋다.
"고객 속성별 매출을 확인하고 싶지만, 아직 분석해본 적이 없어요"
라는 의견이 나오면 직접 해본다. 다음처럼 고객을 분석한다. 각각의 매출액을 숫자로 기입해보자(※이 예제의 1개월치 매출액은 300만 엔이다).

- 적립카드를 사용하고 있는 고객: 100만 엔
- 배포한 전단지를 보고 방문한 고객: 20만 엔
- SNS를 보고 방문한 고객: 80만 엔
- 기타(지나가다 방문): 100만 엔

이것만으로는 문제를 파악하기 어렵다. 'SNS에 공을 들인 것에 비해 매출이 늘지 않았다'라든지 '쉬는 시간을 활용해 근처 주택가에 전단지를 돌리고 있지만, 매출로는 연결되지 않았다'라는 느낌만 들 뿐이다. 여기서 한번 더 요소를 분해한다. 객단가와 인원수로 분해해보는 것이다.

- 적립카드를 사용하고 있는 고객(100만 엔 = 1000엔 × 1000명)
- 배포한 전단지를 보고 방문한 고객(20만 엔 = 2000엔 × 100명)
- SNS를 보고 방문한 고객(80만 엔 = 500엔 × 1600명)
- 기타(지나가다 방문)(100만 엔 = 500엔 × 2000명)

이렇게 분해하기만 해도 순식간에 시야가 넓어진다. SNS를 보고 방문한 고객은 실제로 매우 많았다. 다만 객단가가 무척 낮았다. 가게를 지나가다 방문한 고객과 비슷한 수준이다.

한편 전단지를 보고 찾아온 고객은 의외로 객단가가 매우 높다는 것을 알 수 있다. 적립카드를 이용하는 단골손님의 두 배 수치다.

이렇듯 '이 부분이 좀 이상한데?' '일반적이지 않아'라고 생각하는 곳을 발견했다면 큰 수확이다. 이번에는 '고객 속성'만 분해했지만 그 외의 다른 관점에서 시험해봐도 된다.

이렇게 화이트보드 전체를 활용해 옆으로 길게 뻗은 '나무'의 모습을 떠올리며 가지와 잎을 펼쳐보자.

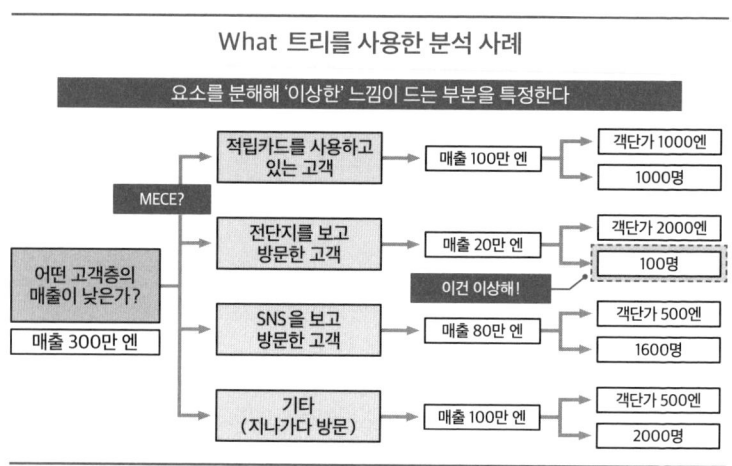

Why 트리에서는 '원인 분석'을 하지 않는다

문제점을 발견했다면 그것을 어떻게 해결할 수 있을까? 앞의 예제로 이야기하면 다음과 같다.

- 배포한 전단지를 보고 방문하는 고객 수를 늘린다
- SNS을 보고 방문한 고객의 객단가를 높인다

하지만 왜 전단지를 보고 찾아온 고객의 수가 적은지, 왜 SNS를 보고 온 고객의 객단가가 낮은지, 그 원인을 모르면 대책을 세우기 어렵다. 그래서 이번에는 'Why 트리'를 사용해서 분해해본다. 주제는 '**전단지를 보**

56

고 찾아온 고객의 수가 적은 이유는 무엇인가?'이다. 예를 들어 전단지를 보고 온 고객의 특성을 분해해보자(※전체 고객 수는 100명이다).

- 임대아파트 고객(5명)
- 분양 맨션 고객(35명)
- 단독주택 고객(12명)
- 기타(도서관 및 구민회관 등)(48명)

이것만으로 의외인 점을 파악할 수 있다. 도서관이나 구민회관에 비치한 전단지를 보고 찾아온 고객이 제법 많다는 것이다.

하지만 그것만으로는 분석의 근거가 빈약하므로 한번 더 분해한다. 전단지를 얼마나 배포했는지, 그 수량이다(※배포한 전단지의 총수량은 1000장이다).

- 임대아파트 고객(600장 → 5명)
- 분양 맨션 고객(200장 → 35명)
- 단독주택 고객(180장 → 12명)
- 기타(도서관 및 구민회관 등)(20장 → 48명)

이것만으로도 크게 알 수 있는 부분이 있다. 더욱 알기 쉽게 전환율도 표기해보자.

- 임대아파트 고객(600장 → 5명)[0.83퍼센트]
- 분양 맨션 고객(200장 → 35명)[17.5퍼센트]

- 단독주택 고객(180장 → 12명)[6.67퍼센트]
- 기타(도서관 및 구민회관 등)(20장 → 48명)[240퍼센트]

놀랍게도 도서관과 구민센터에 배포한 전단지를 보고 방문한 고객이 매우 많다는 점을 알 수 있다. 도서관이나 구민센터에서 전단지를 본 사람은 주변 사람 두세 명에게 입소문을 내는 경향이 있었다. 또한 임대보다 자가로 거주하고 있는 고객의 방문율이 꽤 높다는 것도 알 수 있다. 여기까지 분해했다면 실제로 전단지를 배포한 직원에게 확인해보면 된다.

"임대아파트를 중심으로 배포하면 일이 금방 끝나거든요."
"단독주택가는 효율이 떨어져요."

이런 대답이 돌아왔다. 즉 전단지를 보고 방문한 고객의 수가 적은 이유는 전단지를 전략적으로 배포하지 않았기 때문이다.

- 왜 SNS를 보고 온 고객의 객단가가 낮은가?

마찬가지로 위의 질문을 'Why 트리'로 분해해도 좋다. 뜻밖의 원인을 찾을 수도 있다.

이처럼 Why 트리를 사용하면 문제에 효과적으로 파고들 수 있다.

참고로 흔히 말하는 '5 why 분석법'으로 원인 분석을 해보려 해도 실제 원인을 분석하기는 어렵다. 로직 트리가 머릿속에 없어 아무렇게나 아이디어를 쏟아내기 때문이다.

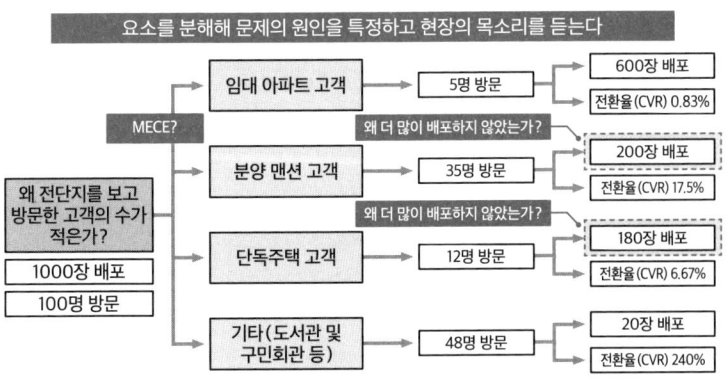

📝 How 트리로 놀라운 해결책을 도출한다!

드디어 해결책이다. 많은 사람이 이 해결책(How)에 관심을 가질 것이다. 이번에는 다음의 주제로 요소를 분해해보자.

- 전략적으로 배포하기

'더 전략적으로 배포하기!'를 지시해도 구체적으로 어떻게 해야 할지 알기 어렵다. 그래서 해결책을 구체화하기 위해 'How 트리'를 사용한다. '배포하는 사람'의 관점에서 생각해보자.
다음과 같은 의견이 나왔다면, '장점/단점'을 각각 분석한다.

- 점장 → 비용이 들지 않는다 / 점장의 일을 할 수 없다
- 정직원 → 업무를 지시하기 쉽다 / 매장 업무가 멈춘다

- 아르바이트 직원 → 업무를 지시하기 쉽다 / 매장 업무가 멈춘다
- 단기 아르바이트 직원 → 구하기 쉽다 / 아르바이트 비용이 발생한다
- 어르신 일자리 센터에 의뢰 → 일자리 창출로 지역에 도움이 된다 / 요금이 발생한다

해결책을 찾았을 때도 가능한 'MECE(누락 없이, 중복 없이)'를 의식한다.
폭넓게 생각하지 않으면 효과적인 아이디어를 찾을 수 없다(자세한 내용은 63쪽 참조).

조사 결과, 어르신 일자리 센터에 의뢰하는 것이 가장 효과적이었다. 요금은 발생하지만 일자리를 찾고 있는 어르신에게도 도움이 된다는 것을 알았기 때문이다. 도보나 자전거를 이용해 주변 주택가를 돌며 전단지를 배포하는 일은 건강에도 좋다. 발이 넓은 어르신이 "내가 전단지를 가지고 있으면서 친구들에게 추천할게" "아들 부부한테도 소개할게"라고 하셨다.

문제를 특정하지 않고, 원인도 생각하지 않은 채 대책을 생각하려고 하면 앞에서 이야기했듯 다음처럼 어리석고 직감에 의존한 아이디어밖에 떠오르지 않는다.

- 근처에 생긴 편의점의 영향이 크다
- 가격 인상의 영향
- 최근 들어 사람들이 케이크를 먹지 않는다

어르신 일자리 센터에 의뢰한다는 뜻밖의 아이디어가 떠오른 것은 로

직 트리를 사용해 정리한 결과다.

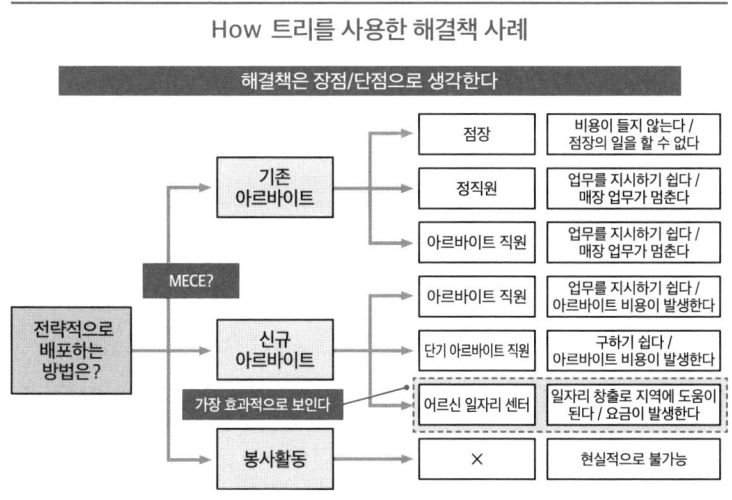

✏ '로직 트리'를 익히기 위한 나만의 학습법

마지막으로 내가 '로직 트리'를 사용한 사례를 소개하겠다.

나는 프로젝트가 원활하게 돌아가지 않을 때 이 도구를 활용한다. 프로젝트 안에 있으면 어디에 문제가 있고, 무엇이 원인이며, 어떻게 해야 하는지 알 수 없을 때가 많다. 그럴 때는 혼자여도 좋으니까 화이트보드 앞에 서서 세 종류의 트리를 작성해가며 머릿속을 정리한다. 그리고 다시 한번 '과제 설정'부터 수정한다. 흥미롭게도 '의외의 과제'를 발견할 때가 많다.

예전에 한 프로젝트가 좌절될 위기에 처했을 때 화이트보드를 사용해 '로직 트리'를 그린 적이 있다. 그때 놀라운 사실을 깨달았다.

프로젝트가 좀처럼 진행되지 않았던 원인은 '사장인 내가 팀원으로 있었기 때문'이었다. 내가 팀원에서 제외되자 프로젝트는 단숨에 진행되었다.

✏️ 딱 한 가지 조언!

로직 트리를 사용할 때 평소 의식해야 하는 것은 '손 글씨 메모'다.

A4용지나 작은 메모 용지여도 상관없다. 볼펜으로 로직 트리 그림을 그리는 습관을 기르자.

트리를 그리는 데 익숙해지면 메모지 전체를 어떻게 사용해야 할지 자연스럽게 알게 된다. 도형의 크기, 글자의 길이도 예측할 수 있다.

컴퓨터나 스마트폰 앱을 사용해 그리는 방법은 추천하지 않는다. 크기의 제한이 없어 로직 트리가 지나치게 커지는 경우가 많기 때문이다. '나무'의 전체적인 모습을 떠올리며 머릿속으로 정리할 수 있는 것이 로직 트리의 장점이다.

평소에 '손 글씨 메모'에 익숙해져 보자.

03
광범위하게 생각하는 힘 습득하기

'MECE'를 의식할 수 있는 관점 다섯 가지

※ 전용성 소질[일하는 방법: 실제 과제 수행]

📝 왜 컨설턴트는 빈틈이 없는가?

"저 사람은 빈틈이 없어."

이런 말을 듣는 사람이 있다. 컨설턴트 업계에는 이렇게 완벽한 사람이 많다. 실제로 '저 사람은 빈틈이 많아'라고 생각하게 만드는 컨설턴트는 업무를 수행하지 못한다.

특히 '빈틈이 없어야' 하는 것은 조사나 분석할 때다. 어떤 사장이 이렇게 말했다.

"우리 회사의 제품은 이미 한계에 도달했어요. 5년 전보다 매출이 30퍼센트 감소했습니다."

이때 "한계라니요. 그건 지금까지 활황이었던 건설업계의 이야기입니다. 물류업계나 섬유업계에서는 조금씩 매출이 늘어나고 있습니다. 또한 건설업계도 동남아시아를 공략한다면 여전히 시장성이 있습니다"라고 대답할 수 있어야 한다.

'더 이상 앞이 보이지 않아' '가능성이 없어'라고 말하는 사람일수록 MECE로 생각하는 힘이 약하다. 개념 기술에 익숙해지기 위한 기본 중의 기본인 'MECE'에 대해서 자세하게 설명할 테니, 그 방법을 배워보자.

📝 MECE의 기본 '누락'과 '중복'이란?

앞 장의 '논리 사고력 습득하기'에도 나왔지만 MECE란 '누락 없이, 중복 없이'라는 의미다. MECE의 첫 글자는 다음과 같다.

- Mutually (서로 간에)
- Exclusive (중복이 없으며)
- Completely (전체에)
- Exhaustive (누락이 없다)

==전체를 객관적으로 보지 않은 채 확신만 강하면 '빈틈이 생기는' 사고에서 벗어날 수 없다.== 그렇다면 어떻게 MECE를 사용해 '빈틈이 생긴' 상태에서 벗어날 수 있을까?

지금부터는 '초과근무 줄이기' '업무의 효율화'를 실현하면서, MECE를 손에 넣는 요령에 대해서 배워보자.

덧붙여 말하면 의외로 MECE로 생각하기 위한 요령을 소개한 책이나 블로그 글은 많지 않다. 'MECE란 무엇인가?' 'MECE로 생각하는 중요성'에 대해 언급한 곳은 많지만 말이다. 이번에는 20년 가까운 컨설팅 경험으로 얻게 된 사례를 이용해 이해하기 쉽게 소개하겠다.

이제 문제해결을 위해 의논 중인 상황을 예로 들어 살펴보자.

좀처럼 초과근무가 끊이지 않는 부서가 있다. '초과근무 줄이기' '업무의 효율화'가 과제인 부서다. 이 경우, 급하게 해결책을 떠올려서는 안 된다. 번뜩이는 아이디어에 의존한 가설을 세우기보다 어떤 업무에 어느 정도의 시간을 쓰고 있는지 로직 트리를 사용해 분석하는 것이 필수다. 이

때 필요한 것이 MECE의 개념이다.

예를 들어 '근무시간'을 다음과 같이 요소 분해했다고 하자.

- **영업(활동)**
- **이동**
- **사내 업무**
- **기타**

이 근무시간 넷의 합계값과 총 근무시간이 맞아떨어진다면 '누락이 없는' 것이다. 그런데 시간이 부족하다는 건 어떤 요소가 누락되어 있다는 뜻이다. 내부에서 논의한 결과 '창고 업무'가 누락되어 있다는 것을 알았다. 이처럼 숫자를 사용하면 쉽게 '누락'을 찾을 수 있다. 한번 더 요소를 분해해 '영업활동'을 다음의 두 가지로 분해했다.

- **상담**
- **준비**

영업 시간은 이 두 가지로 구성되어 있었다. '사내 업무'도 분해해보자.

- **견적 자료 작성**
- **메일 처리**
- **회의 등**
- **기타**

이 넷이 '사내 업무'의 전부다. 단 '영업'의 '준비' 안에 '견적 자료 작성' 업무가 포함되어 있다면 이것은 '중복'인 셈이다. 요소를 대충 분해하면 중복을 놓칠 수 있으므로 각별한 주의가 필요하다.

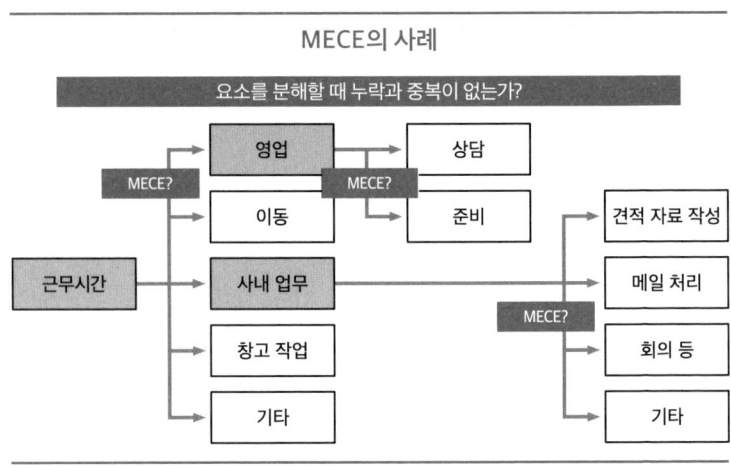

📝 MECE를 의식할 수 있는 다섯 패턴

그렇다면 어떻게 해야 '누락 없고 중복 없는' MECE를 배우고, 내 것으로 만들 수 있을까? 요령은 지금부터 소개하는 다섯 패턴을 외워서 활용하는 데 있다. 이 다섯 패턴을 머릿속에 넣고 '관점'을 생각해보자. 그렇게 하면 전체를 객관적으로 볼 수 있어 누락을 대폭 줄일 수 있다.

이어서 '초과근무 줄이기' '업무의 효율화'를 주제로 요소 분해해보자. 어떤 업무에 많은 시간이 소요되는가? 어떤 작업에 어려움이 있는가? 다섯 가지 '관점'으로 분해해보자.

❶ 이분법 - 가장 떠올리기 쉬운 관점

가장 먼저 소개하는 것이 이분법이다. 어떤 관점에서 분해해야 하는지 고민하고 있다면 일단 이분법으로 생각한다. 반대말로 분해하는 것이다.

가령 작업시간은

- 사내 ↔ 사외

처럼 분해하면 이해하기 쉽다. 사내에서의 작업과 사외에서의 작업으로 나누면 누락도 중복도 없다. 상담을 두 가지로 나눈다면

- 대면 상담 ↔ 온라인 상담

이런 패턴도 생각할 수 있다. 물론 의미 없는 분해를 하게 될 때도 있겠지만, 이분법은 가장 떠올리기 쉬운 분해의 관점이다. 두 가지로 나누기만 하면 되기 때문에 반드시 MECE가 된다.

'초과근무가 많은 이유는 온라인 상담이 적고, 대면 상담이 대부분을 차지하기 때문이지 않을까? 일반 상담을 두 가지로 나눠볼까?'처럼 가벼운 마음으로 분해할 수 있다.

또한 '○○'과 '○○ 이외'로 나누는 방법도 효과적이다.

- 영업활동 ↔ 영업활동 이외 / 교육 ↔ 교육 이외의 자기 계발

이렇게 나눠보면 새로운 발견을 할 수 있다.

다만 간단하게 두 가지로 나누기만 하면 되는 것은 아니다. 이분법이 되지 않는 경우를 몇 가지 소개하겠다.

자료 작성 시간을 분해할 때 다음처럼 나누면 MECE가 성립하지 않을 가능성이 크다.

- 견적 자료 작성 ↔ 제안 자료 작성

작성할 자료는 견적 자료와 제안 자료 두 가지 종류만 있는 것이 아니기 때문이다.

- 관동 지역 출장 ↔ 관서 지역 출장

이 또한 MECE가 성립되지 않는다. 관동 지역과 관서 지역 이외의 출장도 있을 수 있기 때문이다. '이분법'이 되기 위해서는 반대나 대립의 관계가 성립되는 표현을 찾아야 한다.

그 외에 '이분법'으로 사용할 수 있는 사례는 다음과 같다.

사례

질 ↔ 양 / 확률 ↔ 횟수 / 기초 ↔ 응용 / 신입 ↔ 경력 / 신규 고객 ↔ 기존 고객 / 본사 ↔ 지사 / 도시 ↔ 지방 / 매번 ↔ 상시 / 영업 ↔ 고객 / 수입 ↔ 지출 등

❷ 레벨 - 언어화하기 어려울 때의 관점

두 번째는 '레벨' '단계'라는 관점으로 분해하는 방법이다. 예를 들어

열 명의 엔지니어가 있다면 기술력을 5단계 레벨로 분해한다. 레벨을 나눴기 때문에 당연히 MECE가 된다. 누락도 중복도 불가능하다.

'초과근무 줄이기' '업무의 효율화'를 주제로 생각한다면 효율화를 높일 수 있는 여지를 레벨로 나누면 된다.

> 사례
> - 고 — 이동 / 회의 / 메일 처리
> - 중 — 자료 작성 / 상담 준비
> - 저 — 상담 / 창고 작업 등

어떤 사항을 검토할 때는 일단 전체를 검토하는 것이 중요하다. '효율화할 수 있는 부분은 이동이나 자료를 작성하는 시간밖에 없어'처럼 작은 부분에만 얽매이지 않기 위해서라도 MECE로 생각하는 것은 매우 큰 의미가 있다.

그 외에 '레벨'로 사용할 수 있는 사례는 다음과 같다.

> 사례
> - ○, △, × (고객의 반응, 상담의 정확도)
> - 강, 중, 약 (고객이 안고 있는 과제의 크기)
> - 단기, 중기, 장기 (성과가 나올 때까지의 기간)
> - 맑음, 구름, 비 (성과의 레벨) 등

❸ 프로세스 – 가장 이해하기 쉬운 관점

세 번째는 '프로세스'라는 '관점'으로 분해하는 방법이다. 예를 들어 자료를 작성하는 데 많은 시간을 쓰고 있다고 하자. 자료를 작성하는 프로세스를 '누락 없이, 중복 없이' 써본다.

- 자료의 주제를 확인한다
- 자료의 전체 구성을 생각한다
- 주제에 맞는 자료 양식을 찾는다
- 주제에 필요한 정보를 수집한다
- 상사의 조언을 바탕으로 수정한다

이렇게 프로세스 전체를 살펴보면 어디에 문제가 있는지 특정하기 쉽다. '자료를 작성하는 데 많은 시간이 드는 것'이 아니라 '정보를 수집하는 데 시간이 오래 걸린다' '전체 구성을 고려하지 않고 다짜고짜 자료부터 작성하기 시작했는데, 그게 문제였다'처럼 문제 되는 부분을 자세하게 특정할 수 있다. MECE 사고로 생각했기 때문이다.

그 외에 '프로세스' 순서'로 사용할 수 있는 사례는 다음과 같다.

> 사례

- 영업 프로세스 / 모객 프로세스
- PDCA(Plan, Do, Check, Action)
- 프로젝트관리(PMBOK)
- 문제해결 순서(Where, Why, How) 등

❹ 분류 - 요소를 분해할 때 반드시 필요한 관점

네 번째로 소개하는 것이 '분류'라는 '관점'이다. 분류라는 말이 어렵게 느껴지는 사람은 '종류'라고 바꿔서 이해해도 좋다. 그래야 프로세스처럼 이해하기 쉬울 것이다. **프로세스는 직렬이고, 분류는 병렬이라고 외우면 된다.**

지금까지 계속 주제로 다루고 있는 '초과근무 줄이기' '업무의 효율화'로 생각한다면, 우선 이런 관점에서 생각하는 것이 가장 **빠르다**.

업무의 분류(종류)를 전부 나열한다. 나열할 때는 혼자서 하기보다 상사나 동료의 의견을 덧붙여야 누락이 발생하지 않는다. 다만 중복이 발생하기 쉬우므로 '대분류/중분류/소분류'처럼 단계를 나누는 것이 중요하다. 예를 들어 업무를 분류하면 다음과 같다.

업무의 분류

- 영업활동
- 이동
- 자료 작성
- 사내 업무
- 창고 업무
- 기타

이 경우 자료를 작성하는 시간이 사내 업무에 포함될 수도 있다. 만약 포함된다면 중복을 없앨 수 없다. 이때는 사내 업무에 어떤 일들이 포함되어 있는지 전부 나열해보아야 한다.

사내 업무의 분류

- 자료 작성
- 회의
- 메일 처리

- 시스템 입력 작업
- 전화

더 나아가 자료 작성에 어떤 일들이 있는지도 자세하게 써보면 좋다. 사내 업무에 자료 작성 시간도 포함되어 있기 때문에 중복이 발견되었다. 따라서 '업무의 분류'에서 자료 작성은 제외해야 한다. 계속해서 자료 작성의 분류도 생각해보자.

> 자료 작성의 분류

- 제안 자료 작성
- 견적 자료 작성
- 회의 자료 작성
- 재고 관리 자료 작성
- 기타 자료 작성

이처럼 계층화하면 중복을 없앨 수 있다. '대분류/중분류/소분류' 정도는 언제든지 분해할 수 있어야 한다.
그 외에 분류로 사용할 수 있는 사례는 다음과 같다.

> 사례

- 행정구역별(홋카이도, 아오모리현, 이와테현, 아키타현…)
- 업종(농업, 어업, 광업, 건설업, 제조업, 정보통신업…)
- 공업 재료(플라스틱, 천연고무, 화학섬유, 목재…)
- 성격(털털하다, 까탈스럽다, 학구열이 높다, 이기적이다…)
- 웹마케팅(SNS, 블로그, 공식사이트)

- 비용(경제적 비용, 시간적 비용, 정신적 비용)
- 문의(사이트 경유, SNS 경유, 세미나 경유)
- 소개(사장, 고객, 사원, 인플루언서) 등

❺ 구성·프레임워크 – MECE에서 가장 생각하기 쉬운 관점

다섯 번째는 '구성·프레임워크'라는 관점이다. MECE로 생각하기 가장 쉬운 관점이라고 할 수 있다. 특히 '3C' '4P' '5포스' '가치사슬(Value Chain)' 등 유명한 비즈니스 프레임워크는 반드시 외워두는 것이 좋다.

자료 작성으로 예를 들어보자. 분류로 나누면 다음과 같다.

- **제안 자료 / 견적 자료 / 기획 자료 / 회의 자료 / 평가 자료…**

프로세스로 나누면 다음과 같다.

- **주제 확정 / 구성 작성 / 정보수집 / 자료 작성 / 상사의 검토…**

한편 '구성'으로 나누면 이번에는 다음과 같이 될 것이다.

- **표지 / 목차 / 배경 / 목표 / 과제 / 해결책 / 공정표 / 팀 구성…**

'초과근무 줄이기' '업무의 효율화'를 주제로 자세히 조사한 결과 분류 및 프로세스에서는 문제를 발견하지 못했지만 구성의 관점으로 분해했을 때 '팀 구성 페이지를 작성할 때 매번 시간이 많이 걸린다는 것을 알았다. 내부에서 조율하는 데 시간이 오래 걸렸기 때문이다'처럼 문제의 실마리를 알게 되기도 한다. '어느 시점으로 분류할 것인지'는 경험을 통해 관점의 레퍼토리를 늘려가면 된다.

그 외에 구성·프레임워크에서 사용할 수 있는 사례를 몇 가지 소개하겠다.

> **사례**
>
> - 영업준비(고객 정보, 인물 정보, 제안 자료, HP, 상담 이력 확인)
> - 고객 정보(회사명, 매출, 자본금, 업종, 대표자 이름, 조직도, 사업 내용)
> - 영업활동(준비, 방문, 이동, 메일, 전화, 자료 작성)
> - 영업 외 활동(회의, 사내 이벤트, 교육, 각종 프로젝트)
> - 3C 분석(시장, 경쟁사, 자사)
> - 5F 분석(경쟁자, 대체품, 신규 참가자, 구매자, 공급자)
> - 4P 분석(Product: 상품, Price: 가격, Place: 유통, Promotion: 판매촉진)
> - 가치사슬(지원 활동, 기본 활동) 등

지금까지 다섯 가지 종류의 관점을 소개했다. 이 관점을 모두 외울 필요는 없다. 자신에게 맞는 관점을 몇 가지 기억해두었다가 레퍼토리를 늘려가면 된다. 나는 이분법을 중심으로 프로세스와 구성·프레임워크를 자주 활용한다.

기술의 숙련도, 공부의 이해도, 성과의 정도 등 정성적인 내용에서는 레벨을 주로 사용한다.

MECE로 생각하기로 정했을 때, 다시 한번 이 내용을 참고하길 바란다.

📝 MECE에 익숙해지기 위한 나만의 학습법

마지막으로 내가 활용했던 사례를 소개하겠다. **내가 MECE를 강하게 의식할 때는 제안 자료를 작성할 때다.** 어떤 과제가 있는지 광범위하게 생각해야 할 때 필요하기 때문이다.

여기서 관점의 다섯 가지 패턴을 사용해 MECE를 생각한다. 그렇게 하면 제안 자료를 본 사람으로부터 "○○는 **검토했나요?**" "**조금 더 다른 시점으로 생각할 수는 없었나요?**" 같은 지적이 줄어든다. 게다가 만에 하나 제안이 성사되지 않더라도 고민하거나 후회하지 않는다. 이미 여러 가지 관점에서 충분히 검토했기 때문이다.

쇼핑으로 생각하면 이해하기 쉽다. 예전에 내가 여행용 수화물 가방을 사려고 했을 때, 우연히 들른 백화점에서 구매한 적이 있다. 그 일을 매우 후회했었다. 왜냐하면, "**실제로 사용해보니 가격에 비해 만족도가 떨어져서 조금 더 다른 제품을 찾아볼 걸 그랬어**"라는 생각이 들었기 때문이다.

이런 일들은 비즈니스 상황에서 빈번하게 발생한다. 가설을 세울 때는 번뜩이는 아이디어에 의존하지 말고 일단 MECE 사고로 전체를 생각해야 한다.

여기에 들이는 수고를 아까워하면 가설의 정밀도가 올라가지 않는다는 점을 기억해두자.

📝 딱 한 가지 조언!

MECE로 생각하는 방식이 익숙하지 않다면 중복은 잠시 한쪽에 내려놓

는다. 중복이 많으면 헛수고가 늘어난다. 하지만 효율이 낮다고 해서 큰 문제가 되는 것은 아니기 때문이다.

집 짓기를 예로 들어보겠다. 똑같은 기둥을 여러 개 사용하면 낭비를 한 것일 뿐 심각한 문제가 되지 않는다.

하지만 기둥이 몇 개 부족하면(누락되면) 어떻게 될까? 처음부터 집을 새로 지어야 한다.

어떤 일을 생각할 때도 마찬가지다. 누락이 있으면 처음부터 다시 생각해야 한다.

그러니 일단 누락이 있는지 없는지에 모든 신경을 집중해서 확인하자.

04
전체를 보는 힘 습득하기

관점을 높이는 '메타 사고' 훈련 세 단계

※ 전용성 소질[일하는 방법: 현상 파악]

📝 왜 컨설턴트는 입버릇처럼 '원래'라고 말할까?

컨설턴트는 어떠한 지시를 받았을 때(의뢰를 받았을 때), '원래' '애초에'라는 말을 사용해 상위개념을 찾으려는 버릇이 있다. 예를 들어 고객으로부터 **"신규 사업을 개발하고 싶은데요. 좋은 아이디어 없을까요?"** 라는 의뢰를 받으면 '원래 이 회사는 기존 사업에 힘을 쏟고 있을 텐데, 왜 이 시점에 신규 사업을 진행하려는 걸까?'라며 목적과 진의를 찾는다. 또한 상사로부터 **"업계 분석을 해오세요"** 라는 지시를 받으면 '애초에 왜 이 사업을 분석해야 하지?' '업계를 분석하는 이유는 뭘까? 부장의 의중이 뭘까?'라며 추측한다. 이때 '메타 사고'가 발휘된다. ==메타 사고가 있으면 사물을 전체적으로 볼 수 있다.== 하나의 시점에 지나치게 초점을 맞추면 전체를 볼 수 없다.

지금부터 메타 사고를 익히는 방법을 배워보자.

📝 메타 사고란 무엇인가? '위에서 내려다보는 시선'과의 차이점은?

원래 메타(Meta)란 '초월한' '고차원의'라는 의미다. 특징은 다음의 두 가지다.

① 객관

② 상위개념

'약간 위에서'라고 하면 '위에서 내려다보는 듯한' 느낌이 든다. 그래서 '더 높은 시점에서' 객관적으로 사고하는 것을 떠올려야 한다. 더 높은 시점에서 생각하기 때문에 본인의 관점과 타인의 관점에서 떨어져서 생각할 수 있다. '초월(메타)하다'라는 말을 듣는 이유다.

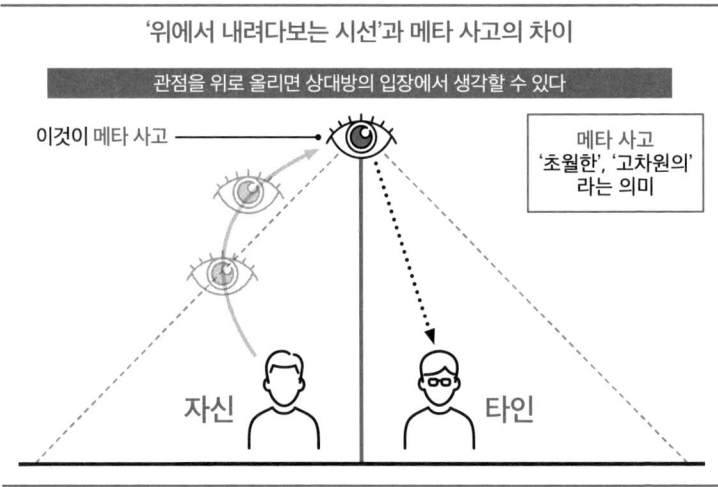

어딘가 어렵고 고상한 사고라고 생각할 수 있지만, 사실은 그 반대이다. 아무것도 모르는 사람, 천진난만한 사람도 메타 사고를 발휘할 수 있다.

딸의 생일날 외식 메뉴를 의논한 적이 있다. 나는 함박스테이크를 먹으러 가자고 제안했다. 예전에 딸아이가 맛있게 먹은 기억이 있기 때문이다. 그런데 아내는 회전초밥을 추천했다. 아들은 근사한 카페가 좋다고 이야기했다. 하지만 딸은 누구의 제안도 받아들이지 않았다. 외식은커녕 어젯밤에 '먹고 남은 카레'라는 의외의 메뉴를 선택했다.

'외출하는 시간이 아깝고, 집에서 다 함께 보내는 시간이 중요하다'라는 이유였다. 딸은 우리가 의논했던 영역을 '초월한' 시점에서 아이디어를 제시했다.

이것이 메타 사고다.

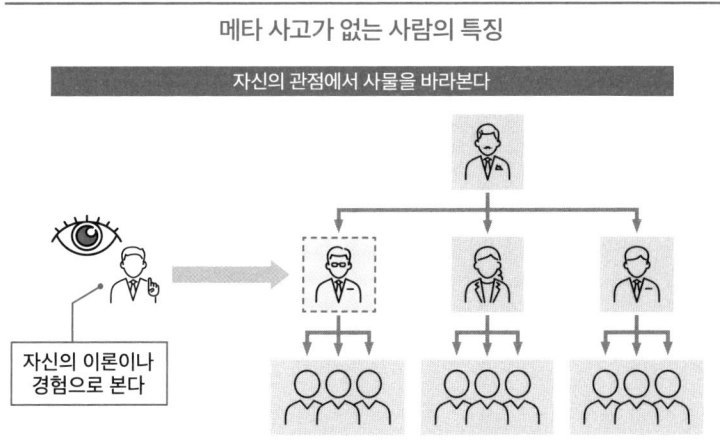

📝 메타 사고 훈련법의 세 단계

메타 사고를 훈련하는 데 필요한 단계는 다음의 세 가지다.

① 초월해서 보기
② 다른 입장에서 생각하기
③ 큰 그림을 그리기

우선 자신의 상황에서 한 발짝 물러서서 보는 것부터 시작한다. 예를 들어 평소 생활이나 일하는 모습을 마치 영화를 보듯 관찰한다. 자신의 행동과 결단을 타인의 시선으로 보는 것이다. 그렇게 해보면 평소에 느끼지 못했던 습관이나 사고방식을 알게 된다.

이어서 자신과 입장이 다른 사람의 시점에서 상황을 본다. 가족이나 동료, 상사, 고객 등 다양한 사람의 입장에서 생각하는 습관을 키운다. 습관으로 만들면 하나의 문제를 다양한 시점에서 생각할 수 있다.

더욱 익숙해지면 눈앞의 문제나 상황을 더욱 큰 문맥으로 생각하는 연습을 한다. 만약 지금 하는 일에 어떤 문제가 있다면 조직의 비전이나 목표, 환경의 변화와 같은 큰 흐름 속에서 생각해보는 것이다. 그러기 위해서는 큰 종이나 화이트보드를 사용해 그림을 그린다. 그렇게 하면 생각하는 관점이 높아져 '넓은 시야'를 가질 수 있다.

이번에는 사례를 통해 구체적으로 설명하겠다. 예를 들어 해당 업계를 잘 아는 고객에게 제안서를 작성할 경우다.

① 초월해서 보기

업계에 정통하기 때문에 자연스럽게 과거의 사례를 떠올리며 '예전에는 이런 제안이 잘 먹혔어' '이번에도 비슷한 제안을 하면 되겠지'라고 단정 짓게 된다. 그러면 확신에 찬 제안이 되어버린다.

그래서 자신이 과거에 했던 일은 잊어버리고 이 업계를 전혀 모르는 제삼자의 눈으로 제안을 생각해야 한다. 포인트는 다음과 같다.

- 자신의 지식이나 전제를 잠시 내려놓고, 객관적으로 본다

- 초보자의 시선으로 내용을 판단한다
- 전문용어나 업계 특유의 표현을 확인한다

메타 사고 '초월해서 보기'의 이미지

초월해서 보기

신의 시점, 제삼자의 시선으로 본다

② 다른 입장에서 생각하기

제안서를 완성했다면 상대의 입장에서 읽어본다. '이 제안을 보고 어떻게 생각할까?' '고객이 정말로 마음에 들어 할까?'라고 생각해보는 것이다. 실제로 일어나는 일이기도 한데, 문제를 해결할 수 있는 제안이어도 상대가 관심을 갖느냐, 갖지 않느냐는 별도의 문제다.

"이 제안을 받아들여 비용을 삭감하는 데 성공한다면, 내가 도움이 되었다는 것을 증명할 수 있지 않을까?"

"이 제안이라면 사내 품의는 통과하겠지만, 귀찮아…."

제안하는 측의 시점이 아니라 상대의 입장에서 생각해야 새로운 세계를 만날 수 있다. 포인트는 다음과 같다.

- 상대의 입장에서 이익과 영향을 생각하기
- 상대의 조직도에서 다양한 시점으로 상상하기
- 예상되는 질문이나 걱정까지 미리 생각해서 준비하기

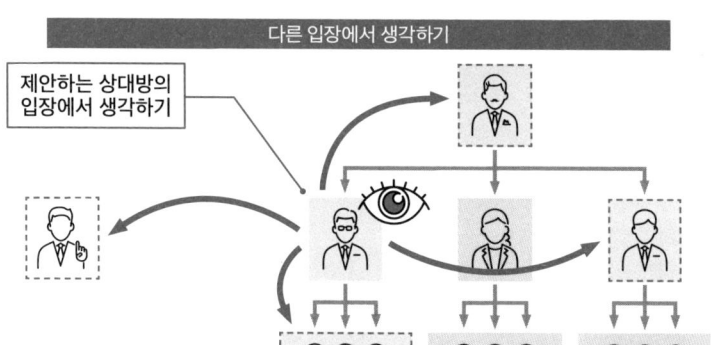

메타 사고 '다른 입장에서 생각하기'의 이미지

③ 큰 그림을 그리기

상대의 조직뿐만 아니라 더욱 큰 그림으로 생각해보자.

"이 제안은 업계 전체의 추세와 어떤 관련이 있을까?"

"5년 후, 10년 후의 시장 변화를 고려한 것일까?"

이런 식으로 생각한다. 또한 자사의 장기적 전략과의 조합도 확인해본다.

업계 안에서의 위치, 장기적 시점의 전략 등 큰 그림으로 제안을 재검토한다. 포인트는 다음과 같다.

- 업계 전체의 추세와 제안의 관련성을 보여준다
- 중장기적 시장의 변화를 고려한다
- 자사의 장기적 전략과의 조합을 확인한다

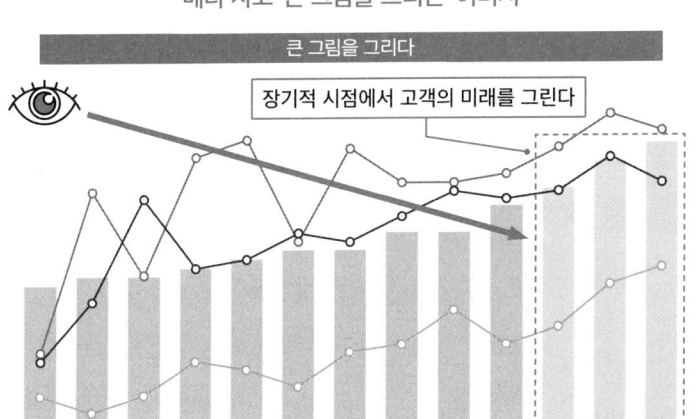

즉, 일단 자신의 시점에서 한 걸음 물러난다. 다른 입장에서 본다. 조금 더 큰(높은) 시점에서 바라본다.

이렇게 자신의 착안점을 자유자재로 바꾸는 것이다.

메타 사고를 훈련할 때는 시점의 위치나 높이, 방향을 의식한다.

📝 메타 사고를 훈련할 때 효과적인 질문 두 가지

메타 사고를 설명할 때 자주 예로 드는 것이 소크라테스의 '무지(無知)의 지(知)'다. 무지의 지란 '나는 내가 그것을 모른다는 것을 알고 있다'라는 의미다. 자신을 초월한 '신의 시점'에서 자신을 보기 때문에 이러한 사고를 손에 얻을 수 있다.

"어차피 이런 거 해봤자 소용없어."
"이렇게 하면 분명 잘될 거야."

이런 거만한 태도는 정밀도 높은 가설을 세울 수 없다. 수준이 높은 가설 사고를 익히는 중에도 항상 메타 사고를 훈련하자.

- 근거 - Why So?(왜 그런 거야?)
- 목적 - So What?(그래서 어떡할 거야?)

이 두 가지는 논리적 사고의 기본적인 질문이라고 기억해두자. '넓은 시야'를 의식해 'Why So? So What?'이라며 근거와 목적에 대해 항상 질문하는 것이 메타 사고 훈련의 첫걸음이다.

메타 사고에 익숙해지기 위한 나만의 학습법

마지막으로 내가 메타 사고를 사용한 사례를 소개하겠다. 나는 성묘를 할 때 자주 메타 사고를 사용한다. 불단 앞에서 두 손을 모을 때도 마찬가지다.

조상 앞에서 두 손을 모으면 자연스럽게 마음이 차분해진다. 그리고 무의식중에 다음과 같은 질문을 스스로에게 던진다.

'남편의 역할을 잘하고 있는 걸까?' '두 아이의 아버지로서 역할을 톡톡히 해내고 있나?' 가족이나 형제, 친척으로서 해야 할 역할뿐만이 아니다. '사장으로서 직원들을 잘 이끌고 있는 걸까?' '컨설턴트로서 진지하게 고객을 대하고 있는 걸까?' 이렇게 자신에게 질문을 던지면서 자신을 객관적으로 본다. 높은 상공 위에서 날갯짓하는 새처럼 자신을 위에서 바라본다.

그리고 스스로에게 두 가지 질문을 던진다.

- 근거 - Why So?(왜 그런 거야?)
- 목적 - So What?(그래서 어떡할 거야?)

'조금 더 실질적으로 부하 직원과 소통하는 게 좋아.'
'그런데 왜 소통하지 않은 거야?'
'소통하면 도대체 어떤 변화가 생기는 거야?'
<u>메타 사고를 사용하면 자신을 다시 볼 수 있다.</u>
복잡해진 머릿속을 정리하는 데도 도움이 된다. 그래서 나는 자주 성묘를 간다. 불단 앞에서 두 손을 모은다. 조상 앞에서 반성하는 시간을 가지면 자연스럽게 높은 관점을 얻게 되기 때문이다. 자신을 객관적으로 볼 수 있어 매우 도움이 된다.

📝 딱 한 가지 조언!

<u>메타 사고를 가질 때는 머릿속에서 명확한 이미지를 떠올려야 한다.</u> 조직의 전체적인 모습을 보고 싶을 때는 조직도를 머릿속에 떠올린다. 시장의 전체적인 모습을 보고 싶을 때는 업계 지도 등을 머릿속에 떠올리면 된다.

자신의 인생을 전체적으로 보고 싶을 때는 50년 달력이나 100년 달력을 떠올린다.

대략적인 이미지면 충분하다. 그 이미지만으로도 하나의 시점으로 고착되어 있던 시점을 깨뜨릴 수 있다. 부디 시험해보길 바란다.

05 스케일 추정 습득하기

업무 효율을 압도적으로 향상시키는 순서 세 가지

※ 전용성 소질[일하는 방법: 상황의 대응]

📝 어떻게 초고속 기계처럼 일할 수 있는가?

당신 주변에도 있지 않은가? 난도 높은 업무를 여러 개 맡고 있음에도 불구하고 태연한 표정으로 막힘없이 일을 처리하는 동료 말이다.

컨설턴트 중에도 초고성능 기계처럼 많은 업무를 효율적으로 처리하는 사람이 있다. 놀라운 건 그렇게 바쁜 와중에도 감정까지 조절한다. 샘이 날 정도로 담담하게 중압감이 강한 업무들을 척척 해낸다.

이렇게 민첩한 컨설턴트가 무의식중에 사용하는 것이 '스케일 추정'이다.

이 기술을 배워 몸에 익히기만 해도 상황이 크게 바뀌어 일을 순조롭게 처리할 수 있다.

📝 스케일 추정이란 무엇인가? 구체적인 세 가지 순서

스케일 추정은 내가 만든 말이다. 주로 작업시간을 계산할 때 사용한다. 작업계획을 세울 때나 상황에 따라서는 처음 해보는 일을 할 때 특히 도움이 된다.

예를 들어 상사로부터 갑자기 '신규 고객 개척용 목록을 작성해 오라'라는 업무 지시를 받으면 어떤 생각이 들겠는가? 한 번도 해본 적 없던 일이라면 '귀찮아' '바빠서 그럴 시간 없어'라고 생각할 것이다.

사고의 노이즈가 머릿속 정리를 방해하는 바람에 '귀찮아' '하고 싶지 않아'라는 감정에 지배되는 것이다. 그러다 보니 일을 점점 더 뒤로 미루게 된다.

이때 스케일 추정을 사용해 작업시간을 계산하면 좋다. 이런저런 생각을 하기 전에 어느 정도의 시간이 걸리는지 대략적으로 계산한다. 그렇게 하면 신기하게도 감정을 쉽게 조절할 수 있다. 쓸모없는 사고의 노이즈가 줄어 마음도 가벼워진다.

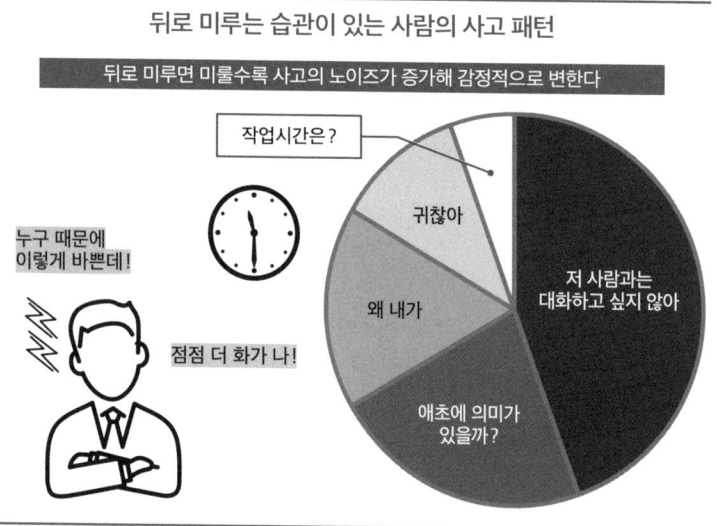

스케일 추정의 포인트는 다음의 세 가지다.

① 자세하게 분해한다
② 극단적인 숫자로 접근한다
③ 실행 후에 기록한다

첫 번째 포인트는 <mark>가능한 파악하기 쉬운 단위로 분해</mark>하는 것이다. 예를 들어 신규 고객 개척용 목록을 작성할 때 '신규 고객 개척용 목록을 작성하는 데 어느 정도의 시간이 걸릴까?'라고 스스로에게 물어도 계산하기 어렵다. 그래서 일단은 필요한 업무를 종이에 작성한다.

- 신규 고객의 조건을 확인한다
- 고객 데이터베이스에서 조건에 맞는 데이터를 추출한다
- 신규 고객 목록의 양식을 작성한다
- 신규 목록 양식에 추출한 데이터를 붙여넣는다

이렇게 업무를 쪼개면 계산하기 쉽다. 실제로 계산한 숫자를 대입해보자.

- 신규 고객의 조건을 확인한다(10분)
- 고객 데이터베이스에서 조건에 맞는 데이터를 추출한다(2분)
- 신규 고객 목록 양식을 작성한다(15분)
- 신규 목록 양식에 추출한 데이터를 붙여넣는다(2분)

대략이어도 좋으니 각각의 업무를 처리하는 데 드는 시간을 계산해보

면 가늠할 수 있다.

"신규 고객 조건만 알면 30분 안에 끝나겠어."

자세하게 분해하면 이렇게 정밀도 높은 가설을 세울 수 있다.

왜 터무니없을 정도의 극단적인 숫자로 시작하는가?

스케일 추정의 두 번째 포인트는 극단적인 숫자를 적절하게 사용하는 것이다.

경험이 없고, 짐작하기 어려운 값을 찾아야 할 때는 극단적인 숫자로 접근해 정답에 가까워지는 것이 좋다. 익숙해지면 더욱 간단하게 스케일 추정을 할 수 있다.

예를 들어 두꺼운 자료를 건네받으며 '전부 읽은 후에 분석해 오세요'라는 지시를 받았고, 그것이 한 번도 해본 적 없던 일이라면 어느 정도의 시간 안에 끝낼 수 있는지 감을 잡을 수 없다. 이럴 때는 일단 '터무니없을 정도의 극단적인 숫자'로 시작해 정답에 다가간다. 이 두꺼운 자료를 살펴보는 데

- 1년이 걸릴까?
- 6개월이 걸릴까?
- 한 달이 걸릴까?
- 일주일이 걸릴까?
- 하루 걸릴까?

이런 식으로 예상을 해본다. 처음부터 정답에 가까운 값을 생각하려고 하면 사고가 멈춘다.

'감을 잡지 못하면' 무의식중에 생각하기를 거부하게 된다. 하지만 '1년이 걸릴까?'처럼 터무니없을 정도로 큰 숫자에서 출발하면 머릿속에서 생각하기 시작한다. 그리고 곧바로 '아니!'라고 말한다.

'6개월이 걸릴까?' '한 달?' '일주일?'이라고 스스로에게 물었을 때 돌아오는 답은 똑같다. 곧바로 '아니!'라는 답이 떠오르고, 동시에 자연스레 머리로 생각하게 된다. 마치 이것은 사고의 준비운동과 같다. 머릿속 준비운동이 끝나면,

- 6시간 걸릴까?
- 3시간 걸릴까?
- 1시간 걸릴까?

처럼 조금씩 현실적인 정답에 가까워지고 정상적으로 생각하게 된다. 사고 정지 없이 답을 찾게 된다.

"3시간은 걸리지 않겠지만 2시간 정도는 걸릴 것 같아."

"아니, 2시간은 넘게 걸릴 것 같아. 2시간 반 정도."

이렇게 예상할 수 있다. 경험해본 적 없는 일이나 익숙하지 않은 업무를 처리할 때 터무니없을 정도의 극단적인 숫자로 생각해보자.

📝 스케일 추정의 검증은 끝까지 여유롭게!

스케일 추정의 세 번째 포인트는 실행한 후에는 확실하게 기록하는 데 있다. 이후의 공정을 잊어버리면 스케일 추정 기술이 늘지 않는다.

실제로 해보면 알 수 있다. 스케일 추정한 숫자와 크게 다르지 않다는 것을. 스케일 추정의 초보자는 그 결과에 놀랄 것이다.

"신규 고객 개척용 목록을 작성하는 데 30분이면 돼"라고 스케일 추정을 했다. 실제로 측정해보니 25분 혹은 40분이 걸렸다. 빠르든 느리든 큰 차이는 없다. 페르미 추정처럼 한 자릿수 차이라면 '정답'이라고 생각할 정도로 여유롭게 생각한다.

"30분이라고 가설을 세웠지만 1시간(60분)이나 걸렸어."

이런 결과가 나와도 괜찮다. 신규 고객 개척용 목록 작성이라면 데이터를 추출하는 데 시간이 오래 걸렸는가? 양식을 작성하는 데 생각보다 더 많은 시간이 들었는가? 하고 검증하기만 해도 된다. 곧바로 다음 업무에서 활용할 수 있다. 하지만 다음과 같은 경우라면 가설을 세우는 방법이 크게 잘못된 것이다.

"30분이라고 가설을 세웠는데 5시간(300분)이나 걸렸어."

한 자릿수 이상의 차이는 근본적으로 어딘가에 문제가 있는 것이다. 중요한 공정, 프로세스를 누락한 것은 아닌지 또는 메타 사고나 MECE 사고가 부족한 것은 아닌지 의심해봐야 한다.

어떤 결과든 실제로 걸린 시간을 반드시 기억한다. 스케일 추정의 정밀도를 높이는 데 매우 도움이 되기 때문이다.

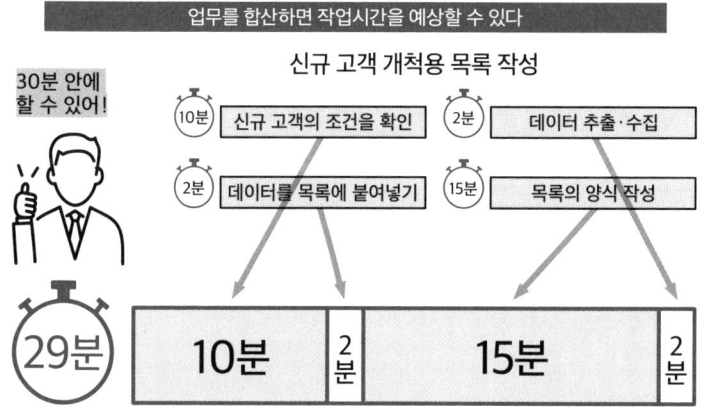

📝 내가 생각하는 스케일 추정의 다섯 가지 비결

지금까지는 스케일 추정의 기본에 관해서 설명했다. 지금부터는 내가 생각한 비결과 요령을 사례와 함께 소개하겠다.

나는 모든 일을 귀찮아하는 성격을 갖고 있다. 지금도 귀찮은 일은 가능한 뒤로 미루고 싶다. 하지만 스케일 추정을 사용하게 된 후부터 크게 개선되었다.

내가 고안한 비결 다섯 가지를 소개하겠다. 스케일 추정을 할 때 부디 참고하길 바란다.

① 10분 안에 끝낼 수 있는 작업만 한다

일단 평소에 무슨 일을 하든 시간을 측정해서 기록한다. 스마트폰의 스톱워치 기능을 사용하면 언제 어디서든 쉽게 시간을 잴 수 있다.

단, 익숙해지기 전까지는 10분 안에 끝낼 수 있을 것 같은 작업만 기록한다. 왜냐하면 10분이 넘어가면 여러 가지 작업이 합쳐진 '프로젝트'가 되는 경우가 많기 때문이다. 그러면 오차가 크게 발생한다.

'제안서 작성하기'로 예를 들면 어떤 제안서인가? 표준 양식은 있는가? 조사해야만 알 수 있는 내용이 많은가? 등등 다양한 상황으로 인해 평균값을 계산하기 어렵다.

"A사의 B상품 제안서를 작성한다면 20분이면 가능하다" 하더라도 일괄적으로 "제안서는 보통 20분 안에 끝낼 수 있다"라고 단언할 수 없다. 그래서 다음의 예처럼 대부분 10분 안에 끝낼 수 있는 작업시간을 잰다.

원그래프를 작성하는 시간 / 표준 양식을 찾는 시간 / SNS에 업로드하는 시간 / 메일 답장하는 데 드는 시간 / 화장실 다녀오는 데 걸리는 시간 / 주문한 요리가 나오기까지 걸리는 시간 / 회사에서 지하철역까지 걸어가는 데 걸리는 시간 등

② **대략적인 평균값을 낸다**

두 번째 비결은 평균값 내기다. 최소한 여섯 번은 시간을 측정해 "**보통 5분 정도야**" "**처음에는 7분 정도라고 생각했는데 매번 4분 안에 끝났어**"처럼 시간 감각을 키운다. 감각을 키우기 위해서는 생각날 때마다 '바로 측정'하는 습관을 들인다. 한 번이나 두 번만 시간을 재본 사람은 선입견이 생기기 때문이다.

그렇게 반복하다 보면 자신이 처음에 예상했던 것보다 빨리 끝나는 경우가 많다는 것을 자연스럽게 알 수 있다.

"매일 답장하는 데 5분 정도 걸린다고 생각했는데 2분 이상 걸린 적이 거의 없어."

"줄곧 지하철역까지 10분은 걸린다고 생각했는데, 실제로는 아무리 엘리베이터가 복잡해도 7분이면 충분히 갈 수 있어."

이처럼 가설 검증의 반복을 통해 평균값을 알게 되면 마음에 여유가 생긴다. 아무리 귀찮은 일이어도 '3분밖에 걸리지 않아' '8분만 시간을 쓰자'라고 생각하게 된다.

③ '2분/5분/10분' 작업을 기억하기

세 번째 비결은 '2분/5분/10분' 세 종류로 나누기다.

스케일 추정은 작업시간을 어림잡아 계산하는 기술이므로 대충 잡아도 된다. 다음처럼 정확하지 않아도 된다.

- 오늘 해야 할 업무 내용을 작성하는 데 [9분]
- 관심 있는 유튜브를 확인하는 데 [8분]
- 고객의 최신 정보를 수집하는 데 [6분]
- 고객 데이터베이스를 갱신하는 데 [3분]

7분이나 8분처럼 모호한 숫자는 기억하기 어렵다. 그래서 외우기 쉬운 '2분/5분/10분' 세 가지 종류로 나눈다. 평균값보다 크게 어림잡아야 부담이 적어지므로 다음과 같이 변환한다.

- 오늘 해야 할 업무 내용을 작성하는 데 [9분] → [10분]

- 관심 있는 유튜브를 확인하는 데 [8분] → [10분]
- 고객의 최신 정보를 수집하는 데 [6분] → [10분]
- 고객 데이터베이스를 갱신하는 데 [3분] → [5분]

참고로 2분과 5분은 별반 차이가 없지 않나 생각하는 사람도 많을 것이다. 물론 전체를 5분으로 통일해도 된다. 하지만 2분 걸리는 작업은 실제로 2분씩 걸리지 않는다. 그러니 두 가지 일을 합쳐도 5분이 걸리지 않는다는 게 포인트다. 나는 2분과 5분 작업을 나눠서 기억하고 있다. 이 방법을 사용하면 다음처럼 상사에게 제안 자료를 메일로 보내는 데 5분도 걸리지 않는다고 판단할 수 있다.

- 고객의 제안 자료를 찾는 데 [2분]
- 메일을 답장하는 데 [2분]

④ '생각하기/찾아보기'가 포함되면 크게 달라진다

네 번째 비결은 '생각하기/찾아보기'가 포함되면 작업시간이 크게 달라진다는 것이다. 예를 들어 답장 메일을 보낼 때 "**알겠습니다. 주의하도록 하겠습니다**" "**잘 알겠습니다. 그럼 다른 분들에게도 전달하겠습니다**" 정도의 짧은 답변이라면 2분이면 충분하다. 하지만 의견을 전달해야 하거나 일정을 조정해야 하는 경우라면 생각할 시간이 필요하거나 확인을 거치는 시간이 필요하다. 이 부분은 개인마다 큰 차이가 있다.

단순히 '생각하기'라고 할 때 단일 주제를 2분 이상 생각할 일은 없다. 2분 넘게 머릿속으로 생각해야 한다면 자연스레 생각하기는 '고민'으로 바뀐다.

가설 검증 기술에 익숙해지면 생각하는 속도가 빨라지고, 생각해봐도 모르겠는 일은 찾아보기로 결단하게 된다.

성가신 존재는 '찾아보기'다. 인터넷에 검색하거나 책을 통해 조사하는 경우에는 스케일 추정하기 어려울 때가 많다. 무엇을 찾아보느냐에 따라 크게 달라지기 때문이다.

또한 **가장 예측하기 어려운 일은 다른 사람에게 도움을 부탁할 때**다. 무언가를 질문하거나, 의논하고, 업무에 도움을 받아야 할 때는 어느 정도 도움을 받을 수 있을지 스케일 추정하기가 어렵다.

다른 사람에게 무언가를 부탁할 때는 이 부분을 염두에 두고 진행해야 한다.

⑤ 익숙해질수록 '가설'은 변화한다

다섯 번째 비결은 작업의 숙련도에 따라 가설이 크게 변한다는 것이다.

예를 들어 이 책을 읽고 있는 당신은 '띠그래프 작성'을 할 때 어느 정도의 시간이 소요되는가? 나는 10분 안에 작성할 수 있다. 익숙하기 때문이다. 원그래프도 엄청 복잡한 형태가 아니라면 10분 안에 그릴 수 있다.

평소에 자료를 작성하는 데 익숙한 나도 사내 시스템을 이용한 작업은 아직 어려운 부분이 있다. 대표인 나를 대신해 업무를 처리해주는 부하 직원이 많아 자연스레 업무를 부탁하게 된다. 그래서 교통비나 경비 정산을 직접 처리하려고 하면 제법 시간이 오래 걸린다.

이처럼 똑같은 작업이어도 숙련도(익숙하다/익숙하지 않다)에 따라 걸리는 시간이 크게 달라진다. 처음에는 30분 걸렸어도 익숙해지거나 기술이 늘면 20분, 15분으로 짧아진다는 것을 기억해두자.

📝 스케일 추정을 숙달하기 위한 나만의 학습법

마지막으로 내가 스케일 추정을 사용했던 사례를 소개하겠다. 다음은 스케일 추정을 통해 업무의 효율화가 개선된 사례 몇 가지다.

- **오늘 해야 할 일 업무 내용을 작성하는 데 [5분]**

요즘은 아침마다 오늘 처리해야 할 업무 내용을 작성한다. 처음에는 귀찮아서 '바쁜 아침 시간에 목록을 작성할 시간이 어딨어'라며 건너뛸 때도 있었다. 하지만 여러 번 시간을 재봤더니 '5분이면 충분'하다는 것을 깨달았다. 그러자 귀찮게 느껴지던 감정이 사라졌고 꾸준히 지속할 수 있었다.

- **책의 프롤로그를 읽는 데 [10분]**

책을 사면 반드시 10분 정도의 시간을 만들어 프롤로그를 읽는다(보통 10분 이상 걸리지 않는다).

저자는 독자가 자신의 책에 관심을 가지길 바라는 마음에서 진심을 담아 프롤로그를 작성한다. 그래서 프롤로그를 읽으면 반드시 그 책을 읽고 싶어지게 된다. 이 습관이 생기면 책의 완독률이 크게 올라간다.

- **표준화 아이디어를 작성하는 데 [5분]**

업무의 효율을 높이기 위해 무슨 일이든 표준화하는 데 힘을 쏟고 있다. 뉴스레터나 칼럼, 유튜브 대본, 세미나나 그래프 등 모두 표준 양식을 준비한다. 매번 귀찮은 마음에 뒤로 미루었지만 표준화 아이디어를 작성하는 데 5분도 걸리지 않는다는 것을 알게 된 이후부터는 바로바로 착수하게 되었다.

- 오늘 미룬 업무를 작성하는 데 [2분]

잠들기 전, 오늘 해야 했지만 뒤로 미루게 된 업무 목록을 작성한다. 미루게 된 이유를 마주해야 하는 탓에 마음이 불편해지는 작업이다. 하지만 작성하는 데 1분 이상 걸리지 않는다. 그 사실을 알면 마음이 편해진다. 이 습관 덕분에 뒤로 미루는 버릇이 많이 줄었다.

딱 한 가지 조언!

익숙해지기 위해 업무 이외에서도 적극적으로 활용해보자. 다음처럼 실천 사례를 라이브러리화한다.

- 경제신문을 읽는 데 [15분]
- 고강도 인터벌 운동을 하는 데 [4분]
- 치실과 칫솔을 쓰는 데 [3분]
- 1박 2일 출장을 준비하는 데 [10분]
- 현관에 놓인 신발(가족 전원)을 정리하는 데 [1분]

라이브러리화한 덕분에 '경제신문을 쭉 읽는데 15분 정도 걸리니까 다섯 쪽 분량의 기획서를 읽는 데는 10분도 걸리지 않을 거야'처럼 응용할 수 있다.

  스케일 추정을 하면 가설 사고력이 강화되어서 해야 할 일을 막힘없이 처리할 수 있다. 꼭 시도해보길 바란다.

06 페르미 추정 습득하기

'페르미 추정'을 사용해
숫자로 생각하는 기술을 익힌다

※ 전용성 소질[일하는 방법: 계획을 세우는 방법]

📝 페르미 추정은 컨설턴트의 필수 기술

'페르미 추정'은 업무를 진행하는 데 매우 도움이 되는 기술로 특히 가설을 검증할 때 주로 사용한다. '그 아이디어로 정말 잘 해낼 수 있을까?' '이 문제를 해결할 수 있을까?'라고 생각할 때나 비판적 사고를 할 때도 도움이 된다.

약 20년 전의 일이다. 컨설턴트가 된 지 1개월도 채 되지 않았던 시절, 19세 연상의 베테랑 컨설턴트로부터 갑자기 이런 질문을 받았다. 고객을 만나러 가는 택시 안에서의 일이다.

"일본에 전봇대가 몇 개나 있죠? 거래처 공장에 도착하기 전까지 어림잡아 계산해서 알려줘요."

당황한 채 메모에 받아 적고 골똘히 생각해봤지만, 이렇다 할 답을 찾아내지 못해서 씁쓸했다.

"학력도 자격도 관계없어요. 하지만 페르미 추정을 하지 못하면 컨설턴트 일은 할 수 없습니다."

택시에서 내리면서 들었던 이 말을 지금도 선명하게 기억한다. '컨설턴트라고 하면 페르미 추정'이라고 말할 정도로 매우 기본적인 기술이다. 그렇다면 페르미 추정이란 무엇일까? 어떻게 하면 일을 하면서 공부할 수 있을까? 자세히 알아보자.

📝 페르미 추정이란 무엇인가?
네 가지 프로세스로 완벽하게 설명

페르미 추정이란 짐작하기조차 어려운 값을 논리 사고력으로 어림잡아 계산하는 것이다. 페르미 추정을 할 수 있게 되고 난 이후부터 새로운 사업의 성공률이 눈에 띄게 올랐다. 경영자의 의뢰를 받을 때도 페르미 추정을 사용해 1~2분 안에 판단할 수 있게 되었다.

"이 조건이라면 지금은 시작하지 않는 편이 좋습니다."
"기간을 1년 연장하면 이 목표를 달성할 수 있습니다."
이런 상황이 된다.

여기서는 실제로 페르미 추정의 순서를 소개하겠다. 혼자서 페르미 추정을 훈련할 때는 다음의 네 가지 프로세스로 연습한다. 실제로 이 네 가지 프로세스를 사용해 어림잡는 계산도 해본다. 이해하기 쉽게 '우동 가게'의 월 매출로 생각해보자.

① 전체 구성을 생각한다

우선 전체를 큰 그림으로 보며 우동 가게의 매출이 어떻게 구성되어 있는지 살펴본다.

이때 많은 사람이 어떻게 해야 할지 모른다. 그 이유는 정답에서 역으로 계산하는 방식을 떠올리는 데 익숙하지 않은 사람이 많기 때문이다.

예를 들어 10이 답인 계산식을 생각해보자. 다른 건 생각하지 말고 단순히 사칙연산(덧셈, 뺄셈, 곱셈, 나눗셈)으로만 변형해보면 다양한 식이 떠오른다.

- 1 × 10
- 2 × 5
- 20 ÷ 2
- 100 ÷ 10
- 2 + 8
- 5 + 5
- 3 + 3 + 4
- 73 - 63
- 1090 - 1000 - 80

페르미 추정을 처음 해보는 사람은 일단 패턴을 외운다. 기본적으로 다음의 두 가지 패턴만 외우면 된다.

① 덧셈
② 곱셈

전체 값을 구하기 위해 구성 요소를 더하면 된다. '우동 가게의 월 매출'이라면 다음과 같은 패턴을 생각할 수 있다.

- 점심 매출(월간) + 저녁 매출(월간)
- 평일 매출(월간) + 주말 매출(월간)
- 우동 매출(월간) + 우동 이외 매출(월간)
- 우동을 포함한 음식 매출(월간) + 음료 매출(월간)

이처럼 전체를 요소 분해해 각 요소를 계산하고 다시 더하면 합계 숫자를 어림잡아 계산할 수 있다. 한편 법칙성이 있는 것, 똑같은 패턴이 반복될 때는 곱셈을 사용한다.

- **하루 매출 × 30일**
- **객단가 × 방문 고객 수(월간)**

덧셈과 곱셈을 조합하면 대부분의 페르미 추정이 가능하다. <mark>특히 덧셈으로 생각할 때는 반드시 MECE 사고가 필요하다.</mark> '누락 없이, 중복 없이' 계산하지 않으면 어림잡은 계산이어도 오차가 커진다.

예를 들어 우동 이외의 취급 상품(주먹밥, 튀김, 맥주, 안주류 등)이 있다면 요소들이 누락되지 않도록 주의해야 한다. 맥주 등 알코올음료를 제공하는 가게라면 해당 메뉴의 매출도 반영해야 한다.

② 어림잡아 계산하는 계산식을 찾는다

전체를 보고 구성 요소를 정했다면 실제로 계산식을 작성한다. 예를 들어 하루 매출을 점심과 저녁으로 나눈다. 그러면 다음과 같은 계산식이 완성된다.

- **우동 가게의 하루 매출 = 점심 매출 + 저녁 매출**

이것을 '객단가 × 방문 고객 수'로 매출을 계산하면 다음과 같다.

- **우동 가게의 하루 매출 = (점심 객단가 × 방문 고객 수) + (저녁 객단가 × 방문 고객 수)**

그리고 '저녁 매출'에 맥주 등 음료 매출이 객단가에 포함되어 있다면 더욱 자세하게 나눌 수 있다.

- 우동 가게의 하루 매출 = 점심 매출(우동을 포함한 음식 × 방문 고객 수) + 저녁 매출[(우동을 포함한 음식+음료) × 방문 고객 수]

평일 점심은 손님이 많은 편이지만 주말 점심은 그 정도로 가게가 바쁘지 않다. 그리고 평일 저녁은 많지 않지만, 주말 저녁은 제법 손님이 있다고 생각해보자. 그러면 다음과 같은 식을 생각할 수 있다.

① 우동 가게의 하루 매출(평일)
 = 평일 점심 매출(우동을 포함한 음식 × 평일 점심 방문 고객 수) + 평일 저녁 매출[(우동을 포함한 음식 + 음료) × 방문 고객 수]

② 우동 가게의 하루 매출(주말)
 = 주말 점심 매출(우동을 포함한 음식 × 주말 점심 방문 고객 수) + 주말 저녁 매출[(우동을 포함한 음식 + 음료) × 방문 고객 수]

방문 고객 수도 세세하게 나눠야 계산할 수 있다. 테이블 수나 회전율로 어림잡아 계산해보자. 점심과 저녁 장사의 회전율은 다르다. 그리고 평일은 월 '5일×4주=20일', 주말은 월 '2일×4주=8일'이라고 생각하면 된다(28일로 생각하면 날짜가 부족하므로 평일과 주말에 하루씩 더해 30일로 해도 좋다).

③ **계산식에 값을 넣자**

계산식에 값을 넣으면 일단 완성이다. 요금이나 좌석 수는 상식적인 범위 안에서 대략적인 숫자를 넣는다.

- 우동 = 800엔
- 우동 이외의 음식 = 100엔
- 음료 = 500엔
- 평일 점심의 방문 고객 수 = 20석 × 3회 = 60명
- 평일 저녁의 방문 고객 수 = 15석 × 2회 = 30명
- 주말 점심의 방문 고객 수 = 18석 × 2회 = 36명
- 주말 저녁의 방문 고객 수 = 20석 × 2회 = 40명

그렇다면 실제로 값을 넣어 계산해보자. 우선 평일과 주말 매출이다.

① 우동 가게의 하루 매출(평일)

= 평일 점심 매출(900엔 × 60명) + 평일 저녁 매출(1400엔 × 30명)

= 5만 4000엔 + 4만 2000엔 = 9만 6000엔

② 우동 가게의 하루 매출(주말)

= 주말 점심 매출(900엔 × 36명) + 주말 저녁 매출(1400엔 × 40명)

= 3만 2400엔 + 5만 6000엔 = 8만 8400엔

이어서 평일과 주말의 일수를 곱한 후 더하면 월간 매출을 구할 수 있다.

- (평일 매출 × 20일) + (주말 매출 × 8일) = 9만 6000엔 × 20일 + 8만 8400엔 × 8일 = 262만 7200엔

'약 260만 엔 정도'라는 값이 나온다. <mark>가장 중요한 것은 답을 내는 것이다.</mark> 어디에서 타협할지는 뒤에서 설명하겠다. 일단 중간에 포기하지 않고 답을 낼 수 있다면 목표는 달성한 것이다.

④ 타당성을 검증한다

타당성, 정확성을 검증할 때는 실제로 조사해보는 것이 빠르다. 앞의 예제라면 '우동 가게'를 운영하는 사람에게 물어보면 된다. 메뉴, 요금, 좌석 수 등의 값을 묻고 계산한 다음 자릿수만 틀리지 않으면 된다.

즉, 실제 매출이 30만 엔, 3000만 엔, 3억 엔 같은 값이 나오지 않은 이상은 '합격'이다. 페르미 추정에는 결단력이 필수다.

📝 페르미 추정을 할 때 주의해야 할 두 가지

페르미 추정을 할 때는 다음의 두 가지를 주의해야 한다.

① **결단력**
② **속도**

먼저 결단력이다. 어떤 일에 대해서 자세히 모르는 부분은 정확하게 답할 수 없다고 단호하게 말한다.

우동 가게를 예로 들면, 맥주를 마시는 고객이 있는가 하면 마시지 않는 고객도 있다. 월요일 저녁보다는 금요일 저녁에 손님이 많을 것이다. 그런데 이렇게 하나하나 따지기 시작하면 끝이 없다.

지나치게 상세히 분류해서 계산하면 복잡해지므로 평일과 주말 혹은 점심과 저녁 정도로 나누고, 음식과 음료는 나누지 않는 편이 빠르게 계산할 수 있다.

이처럼 페르미 추정은 속도가 중요하다. 채용 면접에서는 5~10분 정도로 답변해야 한다. 그래서 어디쯤에서 타협할 것인지 늘 타협의 마지노선을 생각해야 한다.

채용 면접이 아닌 신규 사업을 구상하거나 시장을 분석할 때는 시간적 여유가 있다. 그렇다고 해서 1~2시간씩 페르미 추정을 해야 하는 것은 아니다. 오랫동안 생각하다 보면 끝까지 완수해내는 힘이 떨어진다. 페르미 추정에 익숙하지 않을 때는 정밀도가 떨어지더라도 반드시 시간을 정하고 그 안에 끝까지 해내도록 연습한다. 키워드는 '퀵 앤 더티(Quick & Dirty)'로 완성도가 떨어져도 빠르게 하라는 의미다.

📝 페르미 추정에 익숙해지는 포인트 세 가지

이처럼 평소에 페르미 추정에 익숙해지면 가설 사고를 훈련할 수 있다. 점심을 먹을 때 훈련하기를 추천하는 이유는 식사가 끝나기 전까지 무조건 답을 내려야 하기 때문이다.

훈련할 때의 포인트는 다음의 세 가지다.

① 혼자서 할 것
② 종이에 써가며 할 것
③ 어려운 예제는 하지 말 것

익숙해질 때까지 이 세 가지를 염두에 둔다.

페르미 추정 연습은 혼자서 점심을 먹을 때 시도해보길 바란다. 생각한 대로 계산하지 못해도 창피할 것이 없기 때문이다. 또한 작은 메모지에 계산식을 작성하거나 값을 넣어본다. 머릿속에서 이미지를 떠올리려 해도 처음에는 말처럼 쉽게 되지 않기 때문이다.

그리고 **가장 중요한 것은 무턱대고 어려운 예제에 도전하지 않는 것이다.** 우동 가게의 한 달 매출을 정확하게 계산하기는 어렵다. 처음에는 '고객 수 × 일인당 단가' 정도면 된다. 이 정도로 어림잡아 계산하는 습관이 생기면 실무에 큰 도움이 된다.

📝 가장 도움이 되는 순간은 '비판적 사고'를 할 때

페르미 추정이 가장 도움이 되는 순간은 비판적 사고(Critical thinking)를 할 때다. 비판적 사고란 '정말로 그것이 맞는가?' '선입견이 들어 있지 않은가?'를 점검하고 검증할 때 사용하는 사고법이다. 페르미 추정으로 유명한 다음의 예제를 푸는 일은 생각만큼 쉽지 않다.

- 일본에 전봇대 개수는 몇 개인가?
- 도쿄의 맨홀 개수는?

하지만 누군가가 논리적 사고로 생각한 가설을 비판적 사고로 검증하는 일은 그렇게 어렵지 않다. 예를 들어,

- 당사의 상품 A는 이 지역 내에서 연간 5000만 엔밖에 팔리지 않는다

라는 가설에 대해 '정말로 그런가?'라고 의심해본다. 결론은 '상품 A의 연간 매출'이다.

- 시장의 입장에서 생각하는 경우
- 판매자 입장에서 생각하는 경우

이 두 가지 패턴으로 전체를 계산하면 다음과 같다.

- 지역 내에서 상품 A를 구매한 기업의 수 × 연간 구매 횟수 × 상품 A의 단가
- 당사의 영업 사원이 상품 A를 제안한 횟수(연간) × 클로징률 × 1회당 판매액

시장을 분석할 때는 지역 내에서 상품 A를 구매한 기업의 수를 어느 정도로 예상하는지, 편견을 배제하고 MECE로 추론할 수 있는지가 핵심 열쇠다. 비슷한 예로 설명하면,

- 세 가지 기획을 통해 가을 전시회에 100명을 모객한다

이런 가설을 검증할 때도 사용할 수 있고,

- 당사처럼 50명도 되지 않는 중소기업에서는 대졸 신입 사원은 채용할 수 없습니다

처럼 부정형 가설을 검증하는 데도 도움이 된다. '사실일까?'라고 의심하고 페르미 추정으로 어림잡아 계산한다. 어떤 일을 단정하듯 말하는 사람의 주장을 검증할 때도 페르미 추정은 매우 도움이 된다. 꼭 시도해 보길 바란다.

페르미 추정을 익히기 위한 나만의 학습법

마지막으로 내가 페르미 추정을 사용한 사례를 소개하겠다. 나는 경제 뉴스를 볼 때면 페르미 추정을 사용해 '이 기사 내용은 사실일까?'라며 검증을 시도한다.

예를 들어 '새로 온 사장이 기획한 신제품이 잘 팔리면서 실적이 크게 회복되었습니다'라는 뉴스가 있다고 해보자. 이 뉴스를 접했을 때 이렇게 생각한다.

"정말로 이 신제품 덕분에 실적이 크게 회복되었을까?"

이 상품이, 이 기간에 얼마나 팔려야 실적이 회복될까? 어림잡아 계산해보면 알 수 있다.

"신제품이 잘 팔렸을 수도 있지만, 사실은 꾸준한 영업활동을 통해 기존 상품을 잘 팔았기 때문이지 않을까? 혹은 가격 인상의 효과가 있었을

지도 몰라."

이런 식으로 추론한다. 뉴스는 화제성이 높은 요소에 초점을 두는 법이다. 그래서 페르미 추정을 사용해 검증해보면 사실을 알 수 있다. 뇌 운동에도 도움이 된다.

📝 딱 한 가지 조언!

평소 페르미 추정을 익힐 때 연습해야 할 것은 모르면 모르는 대로 정량으로 계산하는 것이다.

계산식까지는 생각하지 않아도 된다. 햄버거 가게에 갔다면 '일인당 객단가는?'이라고 생각해본다.

'사람에 따라 다르기 때문에 알 수 없어'라며 피하지 않는다. 결단하는 습관이 생길 테니 꾸준히 반복해보자.

나는 '100엔 숍'에 갈 때마다 '100엔 숍의 객단가는 얼마일까?'라고 생각한다. 같은 100엔 숍에서도 고객층에 따라 객단가는 달라진다. 그래서 갈 때마다 머릿속으로 생각한다.

사고를 유지 보수하는 데도 효과가 있으므로 부디 시도해보길 바란다.

07
일을 진행하는 힘 습득하기

계획을 수행하는 힘이 크게 향상되는 요령 세 가지

※ 전용성 소질[일하는 방법: 실제 과제 수행]

📝 현장에 투입된 컨설턴트는 '일을 진행하는 능력'도 일류!

논리적으로 현상을 분석하고, 효과적인 과제를 설정한다고 해서 컨설턴트의 모든 일이 끝나는 것이 아니다. 최근에는 과제 수행까지 지원하는 컨설턴트도 증가하고 있다(나 역시 그중 한 명이다).

이때 활용하는 기술이 '일을 진행하는 능력'이다. 컨설턴트는 통상 많은 프로젝트에 참가한다. 일정 조율과 여러 가지 준비를 빠르게 진행한다.

그렇다면 일을 진행하는 힘이란 무엇일까? 일을 진행하는 힘을 단련하기 위한 학습법과 순서에 대해 소개하겠다.

📝 '일을 진행하는 힘'을 향상시키는 포인트 세 가지

'일을 진행하는 힘'을 설명하기 전에 '일을 진행하기 전의 계획'에 대해서 간단하게 설명하겠다. 일을 진행하기 전의 계획이란 작업이 효율적으로 진행될 수 있도록 준비하고 조절하는 것이다. 단순한 준비가 아니다. <mark>자원배분 등의 준비, 조절이 매우 중요하기 때문에 판단력과 배려도 필요</mark>하다.

사례를 이용해 설명하겠다. 예를 들어 과장으로부터 **"기획서를 작성**

해서 부장님께 보고하세요"라는 말을 들었다고 하자. 그래서 나름대로 기획서를 작성해 부장에게 보고했다. 그랬더니 부장이 이렇게 말했다.

"이 데이터는 어디에서 가져왔나요?"
"데이터는 정보시스템 부서에서 받았습니다."
"거기서 가져오면 안 되죠. 기획 지시서 읽어봤어요?"
"아니요. 읽지 않았습니다."
"지시서를 보지도 않고 기획서를 작성했단 말인가요?"
"…죄송합니다."
"순서가 이상하잖아요. 팀 구성은 어떻게 생각한 거죠?"
"그건 저 혼자 생각한 안입니다."
"팀원들과 조율했나요?"
"아니요. 아직 조율하지 않았습니다."
"팀원들과 조율도 하지 않고, 팀 구성을 생각한 건가요? 과장은 뭐라고 하던가요?"
"부장님께 보고한 후에 확인하려고 했습니다…."
"일을 진행하는 순서가 잘못되었잖아요! 다시 해 오세요!"

이처럼 순서, 우선순위, 조율 등이 잘못되면 '일을 진행하는 순서가 이상하다'라는 말을 듣게 된다. 그래서 일을 진행하는 힘을 키울 때는 다음의 세 가지 포인트를 염두에 두어야 한다.

① 우선순위
② 순서(프로세스)
③ 각종 조율(예약)

일을 진행하는 방식이 나쁜 사람은 대부분 우선순위와 순서를 모른다. 그래서 가장 먼저 이 차이를 기억해야 한다.

- 우선순위 → 상황에 따라 변경한다
- 순서 → 기본적으로 변경하지 않는다(해서는 안 된다)

요리하는 순서를 생각해보면 이해하기 쉽다. 예를 들어 스파게티를 만들 때, 어떤 요리 과정이 있는지 생각해보자.

- 마늘을 얇게 썬다
- 재료를 다듬는다
- 마늘을 볶는다
- 재료를 볶는다
- 물을 끓인다
- 스파게티 면을 삶는다
- 볶은 재료와 삶은 스파게티 면을 섞는다

이 과정을 생각하면 다음의 순서(프로세스)는 바꿀 수 없다.

- 마늘을 어떻게 얇게 썰 것인가?
- 재료를 어떻게 다듬을 것인가?
- 어떻게 물을 끓일 것인가?

하지만 작업의 우선순위는 상황에 따라 변경할 수 있다. 동시에 진행하는 작업도 있다.

순서와 우선순위의 특성을 머릿속으로 기억하면서 요리하면 **"물이 끓기를 기다렸다가 마늘을 썰기 시작하면 효율이 떨어져" "마늘을 볶은 후에 재료를 준비하기 시작하는 건 순서가 이상하잖아"**라는 지적을 당할 일 없다. 앞에서 소개한 예로 생각해보자.

기획서 작성도 다음처럼 작업을 다시 분해하면 순서와 우선순위를 반영해 작업의 예약이나 준비가 가능하다.

- **기획 지시서를 확인한다**
- **지시서대로 데이터를 수집한다**
- **기획서 초안을 작성한다**
- **팀원에게 기획을 설명한다**
- **팀 구성안을 작성한다**
- **기획서를 작성한다**
- **과장에게 보고한다**
- **기획서를 완성한다**
- **부장에게 보고한다**

이렇게 하면 부장으로부터 '일을 잘한다'는 말을 들을 것이다.

현대의 비즈니스 현장에서는 다양한 일을 한다. 일을 진행하는 능력이 부족하면 업무 효율이 떨어져 그만큼 스트레스를 받게 된다. 원활하게 조율하지 못하면 도중에 일이 멈추기도 한다.

어떤 순서로 진행할 것인가? 어떤 기준으로 우선순위를 정할 것인가? 어느 자원을 사전에 확보할 것인가(예약할 것인가)? 이것을 늘 염두에 두길 바란다.

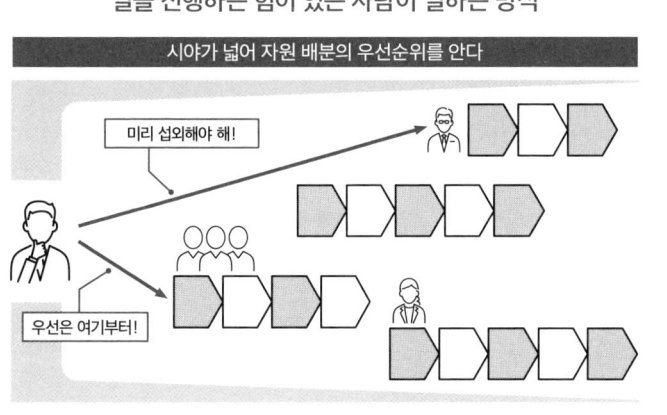

일을 진행하는 힘이 있는 사람이 일하는 방식
시야가 넓어 자원 배분의 우선순위를 안다
미리 섭외해야 해!
우선은 여기부터!

📝 프로젝트와 업무를 구분해 일을 진행한다

일을 진행하는 힘을 훈련할 때 주의해야 할 포인트는 프로젝트와 업무의 차이를 정리하는 데 있다.

프로젝트와 업무를 다음과 같이 정의하면 더욱 이해하기 쉽다.

- **프로젝트 = 업무의 집합체**
- **업무 = 작업의 최소 단위**

다만, 프로젝트라고 해도 대형부터 소형까지 폭넓게 존재한다. 그래서 다음의 세 가지로 나누면 좋다.

- 대형 프로젝트(중형 프로젝트의 집합체)
- 중형 프로젝트(소형 프로젝트의 집합체)
- 소형 프로젝트(업무의 집합체)

교육 프로그램으로 예를 들면 다음과 같다.

- 대형 프로젝트(교육 프로그램을 수강한다)
- 중형 프로젝트(수강할 교육 프로그램을 결정한다/일정을 조율한다/교육 프로그램 수강 준비를 한다/교육 프로그램을 수강한다/교육 프로그램을 보고한다 등)
- 소형 프로젝트(교육 프로그램을 찾아본다/상사에게 의견을 구한다·허락을 받는다/교육 프로그램을 신청한다/과제 도서를 구매한다·정리한다/교육 프로그램 개최 장소까지의 교통 티켓을 구매한다/교육 프로그램 보고서를 작성한다… 등)

대략적이라도 좋으니 대형, 중형, 소형 프로젝트와 그것을 구성하는 업무를 구체적으로 그려본다. 대형 프로젝트와 중형 프로젝트만 생각하지 말고 소형 프로젝트와 업무까지 생각하면 해야 할 일이 명확해진다.
무엇을 우선시해야 좋은지 가늠할 수 있다.

📝 업무처리시간을 추정하는 기술이란?

해야 할 일이 명확해지면 각각의 작업시간을 예상할 수 있다. 하지만 갑자기 대형 프로젝트나 중형 프로젝트를 예상하려고 하면 지나치게 추상적이어서 얼마만큼의 시간이 필요한지 파악하기 어렵다. 그러다 보니 '하나씩 하면 되지'라고 생각하게 된다. 교육 프로그램 수강으로 예를 들면,

- 수강할 교육 프로그램을 결정한다
- 교육 프로그램을 수강할 준비를 한다

같은 중형 프로젝트의 처리시간은 파악하기 어렵다. 하지만,

- 교육 프로그램을 찾아본다
- 과제 도서를 구매한다

위와 같은 일처럼 소형 프로젝트라면 스케일 추정을 사용해 대략 어느 정도의 시간이 소요될지 예상할 수 있다.

- 교육 프로그램을 결정한다

같은 일이라면 다음처럼 업무를 분류할 수 있다.

- 교육 프로그램 회사 홈페이지에서 찾아보기
- SNS에서 설문조사하기

- 과거 수강생에게 의견 묻기
- 상사에게 물어보기
- 교육 프로그램 수강 신청서 제출하기

다음은 각각의 업무처리시간을 계산해서 더하면 '보통 1시간이면 끝나는구나'라고 알게 된다. <u>어느 정도의 시간이 필요할지 계산할 수 있으면 우선순위도 쉽게 정할 수 있다.</u> 회신을 기다리는 작업(대용량 데이터 다운로드하기, 문의 결과 기다리기 등), 다른 사람에게 맡긴 작업(자료 입력, 교육 프로그램 회사 찾아보기 등) 같은 '대기 시간'도 유용하게 활용할 수 있다.

📝 가장 중요한 자원 '사람×시간'의 조율 방법

일을 진행하는 힘을 익힐 때 가장 어려운 것이 자원 조율이다. 해야 할 일과 처리시간을 확실하게 파악하면 필요한 자원도 명확해진다. 자원 조율과 배분을 소홀하게 하지 않는 것이 준비와 채비의 가장 큰 차이다. 자원은 주로 다음의 다섯 가지를 기억하면 된다.

- 사람 - 물건 - 돈 - 정보 - 시간

이 중에서 <u>'사람×시간'의 자원 조율이 가장 예민</u>하다. 그래서 우선순위를 틀리면 안 된다.

"이번 건은 Y씨에게 미리 공유해야 나중에 문제 되지 않을 거야."

"K씨는 항상 바빠. 그래서 협조를 요청하려면 미리 일정을 조율하는 편이 좋아."

일을 진행하는 능력이 뛰어난 사람은 이렇듯 강적, 즉 핵심 인물이라 불리는 사람을 능숙하게 자신의 편으로 만든다.

"지난달에 전무님께 말씀드렸어요. 어쩔 수 없이 부장도 받아들일 거예요."

"자네는 일을 진행하는 능력이 매번 뛰어나군!"

일을 진행하는 힘을 키우기 위해서는 평상시에 핵심 인물과 좋은 관계를 구축하는 것도 중요하다. 여기서 '사람을 끌어당기는 힘'도 시험대에 오른다.

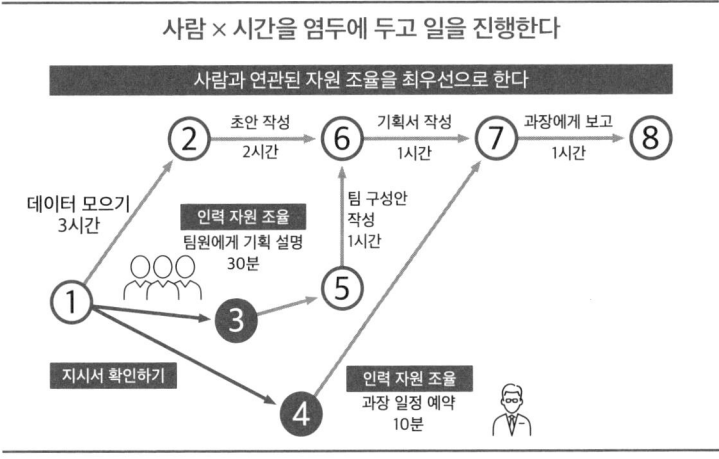

📝 일을 진행하는 힘을 익히기 위한 나만의 학습법

마지막으로 일을 진행하는 힘을 익히기 위해 내가 특히 신경 쓴 사례를 소개하겠다. 바로 '회식 준비 담당자' 역할이다.

솔직히 나는 회식 준비 역할을 어려워했다. 상황은 매번 달랐지만 맡을 때마다 실수가 있었다.

그래서 회식 준비 담당자 이야기가 나올 때마다 온갖 이유를 대며 피하곤 했다.

그런데 어느 날 선배 컨설턴트로부터 이런 쓴소리를 들었다. **"낮은 연차일 때부터 적극적으로 회식 준비 담당자 역할을 해봐야 해. 그렇지 않으면 일을 진행하는 능력을 키울 수 없거든."**

당시에는 회식 준비를 맡기려는 핑계라고 생각했다. 하지만 실제로는 달랐다.

실제로 회식을 잘 준비하는 사람이 프로젝트 운영도 실수 없이 처리했다.

- **회식 날짜 정하기**
- **예산 정하기**
- **상사에게 의견 구하기**
- **회식 장소 정하기/예약하기**
- **참가 인원 파악하기**
- **당일 좌석 배치 생각하기**

해야 할 일은 이 정도이다. 하지만 회식 날짜나 시간대를 대충 정할 수는 없다.

앞에서 이야기한 대로 '사람×시간'이라는 자원 배분을 잘못하면 **"행**

사 전날 회식 일정을 잡으면 부장님이 참석할 수 없잖아" "이렇게 늦은 시간에 시작하면 어린 자녀가 있는 여성 직원들은 참석하지 못하지. 도대체 무슨 생각인 거야?" 하고 혼나게 된다. 전원 참석은 어렵더라도 누구를 우선적으로 참석시켜야 하는지, 정보를 확실하게 파악하지 못하면 '일을 진행하는 순서가 나쁘다'라는 말을 듣게 된다.

"최근 들어 자녀가 있는 여성 직원들의 불만이 커지고 있어. 부장님이 특히 신경 쓰고 있으니 다 같이 회식 한번 진행하지"라는 말을 들었다면 누구를 최우선으로 참석시켜야 하는지 알 수 있다.

당연히 장소 선택도 중요하다.

"그렇다면 여성 직원 다섯 명에게 어떤 메뉴가 좋은지 물어보겠습니다. 예산은 일인당 6000엔까지 괜찮을까요?"

"좋아. 6000엔 정도면 경비로 처리하면 돼."

사람, 물건, 돈, 정보, 시간… 이러한 자원을 머릿속에 넣어두고 해야 할 일의 우선순위를 정한다. ==기껏해야 회식 담당자 같지만, 그래도 가벼이 볼 수는 없다.==

과제를 설정하고 그것을 수행할 때는 다양한 사람과 얽히게 된다.

이때는 일을 진행하는 힘을 훈련할 기회라고 생각해 자진해서 손을 들어보자. 당연히 회식 준비 담당자도 좋은 경험이 된다.

📝 딱 한 가지 조언!

일을 진행하는 힘을 익힐 때 평소 훈련해야 할 것은 '일정 조율'이다.

비즈니스를 하는 사람이라면 매일 일정 조율을 해가며 일을 진행하는 능력을 훈련해야 한다. 일을 의뢰받았다면 다음의 내용도 염두에 두자.

- **같은 종류의 업무와 연결해 일정에 반영한다**
- **의뢰인에게 확인을 거치는 일정도 잡는다**

단순히 비어 있는 시간대에 일정을 넣기만 해서는 일을 진행하는 능력을 연습할 수 없다.

08 설득력 있게 말하는 방법 습득하기

누구나 논리정연하게 발표할 수 있는 '피라미드구조'

※ 전용성 소질[일하는 방법: 현상 파악]

📝 컨설턴트의 말에 설득력이 있는 이유

"컨설턴트의 말이 설득력 있게 들리는 이유는 뭔가요?"

많은 사람에게 이런 질문을 받는다. 답은 간단하다. 컨설턴트는 '피라미드구조'를 이용해 말하는 습관이 있기 때문이다(애초에 설득력 있게 말할 수 없다면 컨설턴트로 일할 수 없다).

물론 '말하는 방식'뿐만이 아니다. 기획서, 제안서를 작성할 때도 마찬가지다. 이 구조를 따라야 컨설턴트는 의뢰인을 납득시킬 수 있으며 결단을 종용할 수 있다.

여기서는 피라미드구조란 무엇이며, 어떻게 하면 피라미드구조를 잘 활용할 수 있는지, 그 학습법을 소개하겠다.

📝 피라미드구조의 기본 '3층 구조'

피라미드구조란 가장 중요한 사항을 먼저 말하고 나서 그 근거와 구체적인 데이터, 예시를 쌓아나가는 구조를 말한다. 이야기를 듣는 사람은 먼저 결론을 알 수 있기 때문에 내용의 흐름을 따라가기 쉽다. 그래서 피라미드구조를 사용하면 설득력 있게 말할 수 있고, 자료도 작성할 수 있다.

사내에서 기획서를 통과시킬 때, 고객에게 상품을 제안할 때뿐만 아니라 블로그에 글을 작성할 때나 채용 면접에서 자신을 어필할 때도 활용 가능하다. 일상생활에서 유용하게 사용할 수 있는 프레임워크이므로 반드시 기억해두자.

연역법, 귀납법 등 다양한 형태가 있지만 우선 기본 형태만 머릿속에 넣어두자. 기본 형태를 알기 위해 기억해야 하는 것은 아래 소개하는 세 단계다.

① **결론**
② **근거**
③ **상세 내용**

간단한 예문을 살펴보면 더욱 이해하기 쉽다.

① **결론: A사에 방문하려면 지하철을 타야 한다.**
② **근거: 이동 효율이 가장 뛰어나기 때문이다**
③ **상세 내용: 주변 도로가 상습 정체 구역이다/주차장이 멀다/지하철역 앞에 회사가 있다**

이 세 가지를 머릿속에 떠올리며 피라미드구조를 의식한 형태로 변형한다.

📝 결론을 뒷받침할 '토대'를 피라미드 형태로 쌓는다!

앞에서 이야기한 'A사에 방문하려면 지하철을 타야 한다'라는 주장 정도는 하나의 근거만 제시해도 충분하다. 하지만 세상에 존재하는 수많은 주장 중에는 단 하나의 근거만으로 설득할 수 없는 것들이 많다.

"정기적으로 마케팅 공부 모임을 개최해야 한다"라는 주장을 뒷받침하는 근거로 "시장은 항상 변화하기 때문이다"라는 주장만을 내세워서는 부족하다. 상대와 신뢰 관계를 구축한 상태가 아니라면 '결정적인 근거가 부족하네요.' '그런 이유만으로 공부 모임을 정기적으로 개최할 필요가 있나요?'라는 말을 듣게 된다. 상사의 결단을 뒷받침할 수 없다.

그래서 피라미드구조에서는 하나의 결론에 세 가지 근거를 준비해야 한다.

그런데 그 근거의 상세 내용도 한 가지뿐이라면 어딘가 불안하다. "B 제품의 시장이 작년 대비 20퍼센트 확장되었습니다"라고만 말하면 "B 제품만을 위해서 몇 번이고 공부 모임을 개최해야 하나요?"라는 답변이 돌아오게 될 것이다. 근거에 대한 상세 내용도 세 가지 정도 준비한다. 따라서 근거 세 가지와 근거에 대한 상세 내용 세 가지가 필요하므로 다음과 같은 '1×3×9'가 피라미드구조의 기본 구성이 된다.

① 결론
  ② 근거 1
    ③ 상세 내용 1 / 상세 내용 2 / 상세 내용 3
  ② 근거 2
    ③ 상세 내용 1 / 상세 내용 2 / 상세 내용 3

② 근거 3
　　　③ 상세 내용 1 / 상세 내용 2 / 상세 내용 3

피라미드의 정점에 '결론'이 있고, 결론을 지지하는 '토대'가 아래로 탄탄하게 펼쳐져 있다. 이 구조를 의식하면 설득력은 당연히 높아진다.

피라미드구조로 기획서를 작성한다

피라미드구조는 일상에서 사용할 수 있는 프레임워크다. 지금부터는 기획서 작성을 예로 설명하겠다.

결론은 '정기적으로 마케팅 공부 모임을 개최해야 한다'로, 근거는 다음의 세 가지다.

　① 시장은 항상 변화하기 때문이다
　・B 제품의 시장이 작년 대비 20퍼센트 확장되었다
　・E 제품의 시장이 매년 5퍼센트씩 축소되고 있다
　・F 제품은 타깃 시장 외에서 30퍼센트 정도 판매되고 있다

　② 경쟁사의 마케팅 방법을 연구하기 위해
　・경쟁사 W사가 SNS를 적극적으로 활용해 매출을 늘리고 있다
　・경쟁사 X사가 CEO 레터를 이용해 신규 고객 유치를 진행하고 있다
　・경쟁사 Z사가 라이브 방송으로 잠재고객 발굴에 힘을 쏟고 있다

③ 자사의 마케팅 성과를 검증하기 위해
- 매월 웹사이트 방문자 분석과 문의 건수를 검증해야 한다
- 3개월에 한 번 개최하는 전시회의 성과를 검증해야 한다
- 매월 뉴스레터를 통한 이벤트 광고 성과를 검증해야 한다

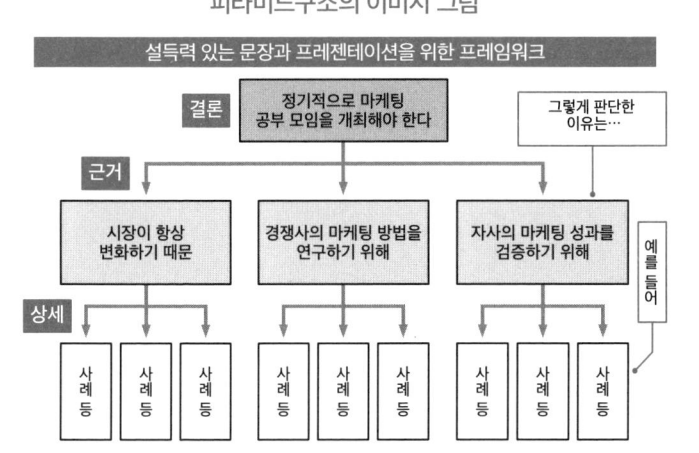

이러한 정보를 도표 등을 활용해 프레젠테이션하며 '정기적으로 마케팅 공부 모임을 개최해야 한다'라는 결론을 제안하면 상사는 '곧바로 진행하세요!'라며 그 자리에서 결정을 내릴 것이다. 충분한 설득력을 갖추고 있고, 반론의 여지가 없기 때문이다.

📝 피라미드구조로 자료를 작성하는 요령

자료를 작성할 때는 피라미드구조를 적극적으로 활용하자. 활용할 때의

요령 세 가지를 소개하겠다.

① 결론을 가장 눈에 띄게 보여준다
② 근거는 간단하게 항목별로 작성한다
③ 상세 내용은 도표로 표기한다

우선 결론이다. 자료를 본 순간 단번에 알아볼 수 있는 곳에 쓴다. 프레젠테이션할 때뿐만 아니라 자료에서도 '결론이 먼저' 나와야 한다.
　이어서 세 가지 근거를 항목별로 작성한다. 상세 내용은 별도로 표기하기 때문에 간략하게 작성하는 편이 좋다.
　마지막으로 상세 내용은 문장으로 작성하면 길어질 때가 많으므로 이해하기 쉽게 도표로 작성하는 것이 좋다. 그래야 보는 사람도 기억하기 쉽다.
　참고로 우리 회사는 피라미드구조로 자료를 작성할 때 템플릿을 활용한다. '결론' '근거' '상세'를 입력할 수 있는 칸이 갖춰져 있는 템플릿이다. 크기가 정해져 있는 양식이기 때문에 문자 수도 제한되어 있다. 피라미드 전체가 균형감 있게 보인다.

📝 피라미드구조를 익히기 위한 나만의 학습법

마지막으로 내가 피라미드구조를 사용했던 사례를 소개하겠다. 강연 자료, 제안서를 작성할 때도 피라미드구조를 이용하지만, 그보다 훨씬 많이 사용하는 곳이 업무 메일을 작성할 때다.

이때는 피라미드구조처럼 '1×3×9' 스타일은 사용하지 않는다. 지나치게 문장이 길어지기 때문이다. 그래서 **피라미드구조를 간소화한 '1×3×3' 스타일을 사용한다.** '하나의 근거에 하나의 상세 내용'만 담아서 설명한다.

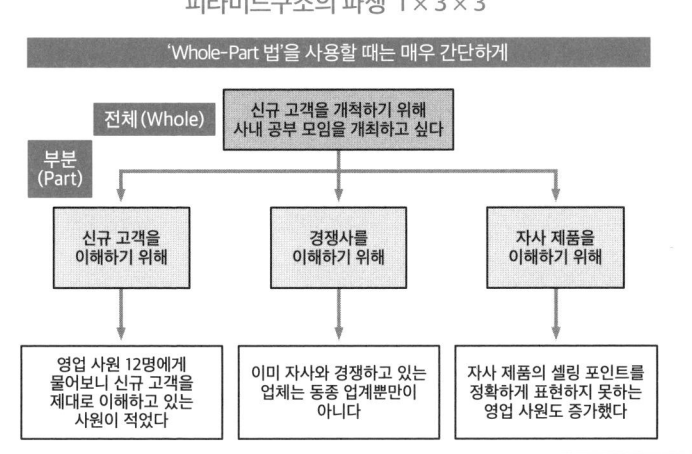

예를 들어 어떤 고객에게 소개한 상품이 있다고 하자. 그 내용을 업무 메일로 작성하면 다음과 같다.

일단 다음처럼 반드시 전달해야 하는 내용(결론)을 가장 먼저 쓴다.

"이번에 소개하는 상품 A는 귀사가 직면하고 있는 과제를 해결합니다."

이어서 왜 이 상품이 고객의 문제를 해결하는지, 그 '근거'를 세 가지 제시한다. '그렇게 판단한 이유는'처럼 상투적인 접속사를 사용한다.

"그렇게 판단한 이유는 세 가지입니다."

세 가지 근거는 한 문장으로 끝날 정도로 짧게 항목별로 작성한다. 다음과 같은 느낌이다.

① CO_2 배출량을 연간 30퍼센트 삭감합니다.

② 신입 사원도 쉽게 다룰 수 있습니다.

③ 가격이 업계 평균값보다 30퍼센트 저렴합니다.

그리고 마지막에 '상세 내용'을 더욱 자세하게 설명한다.

"우선 당사의 상품을 도입하면 CO_2 배출량을 연간 30퍼센트 삭감할 수 있습니다. 이 수치는 지난 4년간 해당 상품을 도입한 기업의 평균값이며, 그 이상의 효과를 볼 수도 있습니다."

"이어서 간단한 사용 방법도 자신 있게 추천하는 이유입니다. 신입 사원도 3일만 교육을 받으면 곧바로 사용할 수 있습니다."

"마지막으로 가격입니다. 첨부 자료를 보시면 알 수 있듯이 타사의 유사 제품에 비해 약 30퍼센트 저렴합니다. 광고비를 절약해 실현한 가격입니다."

이런 식으로 작성하면 제법 설득력 있는 메일이 된다. 세 가지 항목을 작성할 때는 다음에 소개하는 문장을 활용해서 작성하기를 추천한다.

- 첫 번째로 / 두 번째로 / 세 번째로
- 우선 / 이어서 / 마지막으로

딱 한 가지 조언!

피라미드구조를 내 것으로 만들기 위해서는 가능한 한 메일을 활용한다. 왜냐하면 비즈니스 메신저를 사용할 경우 형식이 틀어지기 때문이다. 비즈니스 메일(업무 메일)이 피라미드구조 형식에 가장 적합하므로 연습하기에 최적이다.

메일 도입부에 결론을 이야기하고 이후에 근거와 상세 내용을 작성한다. 이것만으로도 피라미드구조를 더욱 깊이 있게 이해하는 첫걸음이 된다.

PART 3

최고 컨설턴트가 실천하는 '관계 기술' 공부법

09 마음을 사로잡는 말투 습득하기

스토리로 상대를 사로잡는 '스토리텔링' 전달 방식

※ 전용성 소질[사람과 관계를 맺는 방법: 사내 대응]

📝 이론이 통하지 않는 사람의 마음을 사로잡는 말투

"그 말이 맞지만, 당신이 그렇게 말하면 왠지 하고 싶지 않아."

컨설턴트가 막 되고 나서, 이런 지적을 받는 일이 많았다.

컨설턴트가 상대를 설득할 때는 논리적으로 말하는 경우가 많기 때문일 것이다. 이때 사용하는 대표적인 프레임워크가 앞에서 소개한 '피라미드구조'다. 먼저 결론을 이야기해 듣는 사람이 머릿속을 정리하게 만든다. 그래서 이 프레임워크를 사용하면 설득력이 높아진다.

하지만 아무 때나 논리적으로 말한다고 해서 매번 상대를 움직일 수 있다고 생각하는 건 큰 착각이다.

"이론만 내세우잖아."

"기분이 나빠."

이런 말을 듣는 일도 많아진다. 인간은 컴퓨터와 달리 감정을 가진 동물이다. 데이터를 정확하게 입력해도 움직이지 않을 때가 있는가 하면 그와 반대일 때도 있다. 이치에 어긋나도 행동하는 것이 인간이다.

그래서 이번에는 스토리 형식으로 말하는('스토리텔링') 기술에 대해서 자세하게 설명하겠다. 이 기술을 몸에 익히면 팀원이나 고객의 마음을 확실하게 붙잡을 수 있다.

이야기로 말하는 스토리텔링 방법

스토리 형식으로 이야기를 풀어내면 상대의 마음을 효과적으로 움직일 수 있다. 진심을 담아 전하고 싶은 내용이 있을 때 활용해보자. 이야기로 풀어내는 편이 감정을 담기 쉽다.

그렇다면 스토리 형식으로 말하기 위해서는 어떻게 해야 할까? 이 방법을 설명하기 전에 '이야기'가 무엇인지부터 간단히 소개하겠다.

이야기는 시간의 흐름에 따라 표현할 수 있다는 것이 특징이며, 듣는 사람에게 정서적인 감정을 전달하는 작용이 있다.

상대에게 사실만 전달해야 한다면 오히려 스토리 형식을 사용하지 않는 것이 좋다. '경력'이나 '연표'처럼 시간순으로 사실을 나열하기만 해도 충분하다.

복수의 인물을 등장시키거나 상황을 섬세하게 묘사하는 이유는 상대의 마음에 잔물결을 일으키려는 목적이 있기 때문이다. 따라서 누가 들어도 마음이 움직이지 않는 내용이라면 이야기로서 힘이 없다, 또는 그럴 필요가 없다고 말할 수 있을 것이다.

그렇다면 어떻게 해야 상대의 마음을 사로잡는 이야기를 만들 수 있을까?

📝 스토리 형식으로 말할 때 놓쳐서는 안 되는 포인트

스토리 형식으로 말할 때는 세 가지 포인트를 기억해두자.

① 배경 묘사

우선 배경 묘사다. <mark>이야기에 맛을 내기 위해서는 깊이를 더해야 한다.</mark> 그러기 위해서는 배경을 설명해야 한다.

그 사람과 만난 이유는? 이 학교에 다닌 목적은? 가족구성과 조직의 특별한 사정, 새로운 상품을 개발하게 된 경위는? 숫자와 고유명사를 사용해 기본 골조를 친절하게 이야기하면 듣는 사람의 머릿속에 선명한 이미지가 그려진다.

② 전환점

다음으로 중요한 것은 전환점이다. 이야기에는 반드시 예상 밖의 '중대한 전환기'가 나타난다. 그 일을 계기로 이야기가 예상치 못한 방향으로 흘러간다. 기승전결로 말하면 '전'이다. 예상하지 못했던 일로 인해 방향이 바뀌는 이야기를 반드시 넣어야 한다. <mark>단조롭고 평범한 이야기는 들은 적도 없을뿐더러, 아무도 듣고 싶어하지 않는다.</mark> 왜냐하면 뻔한 거짓말 같기 때문이다.

① 새로운 도전 → ② 멋진 만남 → ③ 놀라운 성공

이런 이야기에 사람들은 마음이 흔들린다. 그래서 예상 밖의 이야기, 예상할 수 없는 사건을 이야기 속에 넣어야 한다.

단, 그대로 '실패'로 끝나면 단순히 '뻔한 결말의 스토리'가 된다.

① 새로운 도전 → ② 멋진 만남 → ③ 놀라운 성공

상대와 관계를 구축하고 싶을 때는 일부러 자신이 실패했던 이야기를 하는 것이 좋다. 자신의 성공담만 말하는 사람은 공감을 얻기 어렵다.

다만 조직의 구성원을 격려하고 싶을 때나 고객에게 상품을 소개할 때, 채용 면접에서 자신을 어필할 때는 사용할 수 없다.

그 사건을 계기로 이야기는 크게 변화하기 시작한다. 그래야 그 사건이 전환점이 된다. 거짓말을 해서는 안 되지만, 그 정도의 사건이 없었는지 생각해보며 조금씩 이야기를 꾸민다. 그리고 그런 전환점을 한두 곳에 반영한다.

"동창회에서 친구에게 모욕을 당한 적이 있어. 그 일이 전환점이 되었어."

"고객에게 불려가 심한 욕설을 들었어. 억울했던 그 사건이 없었다면 이 상품을 만들지 못했을 거야."

이런 이야기에 상대는 큰 관심을 가진다.

이야기는 단순한 직선으로 그려서는 안 된다. 완만한 곡선도 안 된다. 이리저리 구부러진 선으로 그려야 한다. 그래서 마지막에 성공하는 이야기더라도 한 번은 실패해야 한다.

① 새로운 도전 → ② 멋진 만남 → ③ 예상하지 못했던 일들의 연속·좌절 → ④ 갑자기 나타난 기회 → ⑤ 무려 대성공!

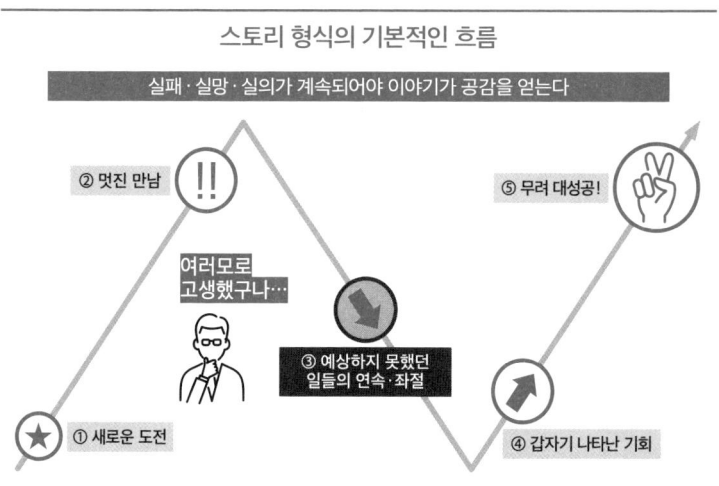

③ 갈등과 충돌

마지막으로 절대 빠뜨릴 수 없는 요소 '갈등과 충돌'을 소개한다.

이야기에는 반드시 의외의 사건과 사고가 발생한다. 그래서 주인공은 갈등을 겪는다. 그리고 신념을 관철하기 위해 주변 인물들과 충돌하기도 한다. 그런 일이 없으면 이야기는 성립하지 않는다. '힘들었지만 다 함께 힘을 합쳐 이겨낼 수 있었습니다'라고만 말해서는 그 누구의 마음도 움직일 수 없다.

==사람은 누구나 불합리한 일에 맞서 그것을 넘어서려는 사람을 응원하고 싶어한다.==

그러니까 그런 경험을 확실하게 말로 표현해보자.

📝 〈스타워즈〉의 스토리성을 활용한 전달 방식

서사 형식 중에 유명한 스토리텔링 기법이 '영웅의 여정'이다.

2024년 기준, 누계 흥행 수입이 103억 달러에 달하는 〈스타워즈〉 시리즈. 이 〈스타워즈〉를 이야기할 때 빠트릴 수 없는 것이 영웅의 여정이라는 개념이다.

영웅의 여정은 신경언어프로그래밍(Neuro Linguistic Programming, NLP)에서 주장하는 개념 중 하나로 〈스타워즈〉의 아버지인 조지 루카스는 이 개념에 영향을 받아 이야기를 제작했다고 한다.

영웅의 여정은 다음의 여덟 단계로 구성되어 있다. 단계별로 하나하나의 시점을 설명해보자.

① Calling: 미션을 받는다

이야기는 매번 어떠한 '사명(미션)'을 받는 데서 시작한다. 다른 사람으로부터 지시를 받을 때가 있는가 하면 스스로 깨달을 때도 있다. ==비즈니스로 예를 들면 무엇을 위해 이 프로젝트를 시작하는가? 어떤 목적을 가지고 새로운 사업을 시작하는가? 그 배경을 확실하게 설명해야 한다. 그래야 듣는 사람을 확 끌어당길 수 있다.

② Commitment: 여정의 시작

어떤 사정으로 미션을 받게 되었다면 첫발을 내디뎌야 하는데 이때가 가장 어렵다. 비즈니스도 마찬가지다. 새로운 일에 도전할 때 지도 한 장 없이 황야를 떠도는 것과 같기 때문이다.

③ Threshold: 시련

새로운 세계로 첫걸음을 내디디면 여러 가지 벽에 부딪힌다. 지금까지 몸에 익혀왔던 기술과 경험으로는 뛰어넘을 수 없는 벽을 마주하게 된다. 상당한 갈등을 겪게 된다. 하지만 이런 시련에서 도망치면 아무도 이 주인공을 '영웅(히어로)'이라고 부르지 않는다. 수많은 갈등과 충돌을 뛰어넘어 성장했기 때문에 듣는 사람의 마음을 훔칠 수 있다. 첫 번째 전환점이다.

④ Guardians: 동료 및 지도자와의 만남

시련은 결코 혼자서는 뛰어넘을 수 없다. 그래서 반드시 '스승' '지도자' '멘토'라 불리는 사람이 등장한다. 고락을 함께하는 동료다. 중요한 전환기(터닝포인트)이다.

중요한 것은 '도중'에 나타나는 법. 사실 어떠한 미션이든 완주하기 위해서는 진짜 동료, 진정한 지도자가 있어야 한다.

⑤ **Demon: 가장 큰 시련**

가장 강력한 적이 등장해, 주인공을 절체절명의 위기로 몰아넣는다. 이런 위기가 없으면 이야기는 시시해진다. 듣는 사람이 가장 크게 감정이입하고 주인공을 응원하게 되는 중요한 장면이다.

예상하지 못했던 사건이 일어나면 누구나 좌절하게 된다. 이 전환점에서 어떤 결단을 내릴 것인가. 이야기의 절정이라고 말한다. 제아무리 반대하는 사람이 있어도 신념을 밀어붙이며 시련과 마주한다. 이러한 주인공을 능수능란하게 표현하면 듣는 사람은 이야기에 빠져든다.

⑥ **Transformation: 변화**

절체절명의 위기에 놓여도, 자신의 심장에 불을 붙여 시련을 뛰어넘을 때 자연스럽게 자신의 큰 변화를 느낀다. 이 미션을 통해 한층 더 성장한 주인공(팀)을 자세하게 묘사한다. 미션 종료 후에 맛본 큰 성장을 실감한다. 영웅이 된 순간이다.

⑦ **Complete the task: 미션 종료**

미션을 종료한 주인공은 이야기를 되돌아보며 이 여정의 의미를 깨닫는다. 동료와 함께 이 여정이 자신들에게 어떤 의미가 있었는지, 어떤 메시지가 담겨 있었는지를 알게 된다. 이 부분도 확실하게 언어화하면 듣는 사람은 여운에 잠길 것이다.

⑧ **Return home: 귀환**

중요한 엔딩이다. 이 이야기(여정)를 통해 크게 성장한 주인공이 예전에 있었던 장소(가족이나 직장)로 돌아간다. 크게 성장한 주인공의 모습을 마주한 사람들의 반응도 이야기로 쓰면 듣는 사람은 이 이야기에 크게 공감한다.

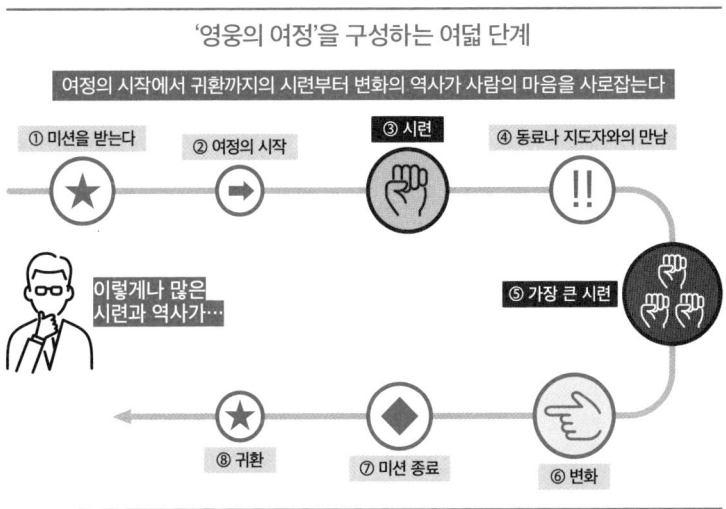

✎ '영웅의 여정'을 사용한 이야기 사례

그렇다면 실제 스토리 형식을 이용해 이야기를 만들어보자. 5분짜리 내용으로 단계별로 작성한다.

① 미션을 받는다

A사의 임원 세 명이 갑자기 사표를 냈다. 게다가 부장급 직원 두 명도 회사를 떠났다. 위기감을 느낀 사장이 경영을 맡길 수 있는 인재를 채용하라고 관리부장에게 지시했다.

② 여정의 시작

관리부장은 신입 사원을 채용했던 경험밖에 없다. 관리부장은 난감해하며 부하 직원 세 명과 함께 팀을 결성했다. 무슨 일이 있어도 최소 세 명의 임원 후보자를 뽑아야 한다고 팀원을 북돋았다.

③ 시련

그런데 6개월이 지나도 지원자는 한 명도 나타나지 않았다. 인재 소개 회사에도 의뢰했지만 '그런 사람은 쉽게 찾을 수 없어요'라는 말만 돌아올 뿐이었다. 관리부장도 팀원도 망연자실했다.

④ 동료와 지도자와의 만남

관리부장이 우리 회사 세미나에 참가한 것은 사장의 지시를 받은 지 8개월이 지난 후였다. 아무런 성과도 내지 못해 난감해하고 있을 때 우리 회사와 계약을 맺었다. 그렇게 채용 지원 프로젝트가 시작되었다. 원점으로 돌아가 채용 전략을 다시 세우자 조금씩 지원자가 늘었고, 임원 후보로 꼽을 만한 사람과의 만남도 늘었다.

⑤ 가장 큰 시련

그러던 중 큰 시련이 닥쳤다. 최종 면접까지 간 후보자마다 입사를 거절하는 사태가 일어났다. 알아보니 원인은 사장의 고압적인 태도였다. 사장은 태도를 고치려고 하지 않았고 더는 참을 수 없었던 관리부장이 사표를 던졌다.

⑥ 변화

관리부장의 퇴사는 무조건 막아야 했다. 당사의 컨설턴트가 사장을 설득해 관리부장을 붙잡는 데 성공했다. 이 일을 계기로 사장은 태도를 고쳤고 '모든 책임은 내게 있었다. 깨닫게 되는 계기가 되었다'라며 대표 자리에서 물러났다. 관리부장이 사업을 이어받아 새로운 사장이 되었다.

⑦ 미션 종료

새로운 사장과 함께 차분히 채용 활동을 이어간 결과, 2년 만에 임원 후보 세 명을 채용하는 데 성공했다. 그중 한 사람이 채용 전문가였기 때문에 채용팀은 그 사람에게 맡기기로 했다.

⑧ 귀환

지금은 신입 사원부터 경력 사원까지 꾸준하게 우수한 인재를 채용하고 있다. 이직률도 낮아지며 회사는 순조롭게 성장을 이어가고 있다.

새하얀 종이에 펜으로 글을 써 내려가고 싶어도 재능이 있지 않은 한, 아이디어는 쉽게 떠오르지 않는다. 하지만 여덟 단계를 밟아서 준비하면 큰 어려움 없이 스토리텔링을 할 수 있다.

📝 스토리텔링을 익히기 위한 나만의 학습법

마지막으로는 내가 스토리텔링을 사용했던 사례를 소개하겠다. 이것은 언제나 있는 일이다. 컨설턴트에게 의뢰하는 기업마다 전혀 다른 이야기를 가지고 있다. 그래서 우리가 하는 일을 설명할 때는 어떻게든 스토리텔링을 사용하게 된다.

다만 특별한 일이 아닌 이상 여덟 단계 전체를 사용하지 않는다. 간소화해서 사용하는데 ① 미션을 받는다, ③ 시련, ⑥ 변화의 요소는 반드시 의식해서 사용한다. 그래야 의뢰한 기업이 내용을 쉽게 이해할 수 있다. 우리처럼 무형의 상품을 다루는 기업은 스토리 형식으로 말하는 훈련이 필수다. 기능이나 투자 대비 효과를 말해도 많은 사람이 쉽게 이해하지 못하기 때문이다.

✏️ 딱 한 가지 조언!

스토리텔링을 할 때는 '여정'을 의식한다.

이야기는 직선으로 뻗은 '선'이 아니다. 구불거리기도 하고 왔다 갔다 하기도 한다. 큰 강처럼 '굵은 곡선'을 그리기도 한다. 이야기에서는 이론이 통하지 않는 일들만 일어난다. 그래서 정서를 불러일으키는 것이다.

어디로 가는지 모를 여정(Journey)을 염두하고 스토리를 짜보자.

10 공감력 습득하기

'인지적 공감'과 '정서적 공감'을 훈련하는 비결 두 가지

※ 전용성 소질[사람과 관계를 맺는 방법: 사내 대응]

📝 컨설턴트가 익혀야 할 공감력이란?

"당신은 사람의 마음을 몰라."

이런 말을 들은 적이 있는 사람은 공감력이 부족하다는 사실을 자각해야 한다. 실제로 컨설턴트 업계에서 이런 말을 듣는 사람이 많다.

"마음은 충분히 이해하지만 정리해고 말고는 회사를 살릴 방법이 없습니다."

상대의 감정을 고려하지 않고 정론을 들이대야만 할 때가 있기 때문이다. 어떤 의미에선 직업병이라고 해도 과언이 아니다.

이번에는 공감력에 대해 자세히 설명하겠다. 요즘 시대에 사람과 관계를 구축할 때 없어서는 안 될 기술이다. '저 사람은 사람의 마음을 잘 알아' '무척 배려심 깊은 사람이야'라는 말을 들으려면 어떻게 해야 할까? 두 종류의 공감을 소개하며 설명하겠다.

📝 공감력이 없는 사람을 한 방에 간파하는 방법

사전에서 '공감력'을 찾아보면 이렇게 쓰여 있다.

"다른 사람의 생각이나 의견에 수긍하거나, 희로애락의 감정에 공감할 수 있는 능력"

즉, 일단 상대의 의견이나 감정을 객관적으로 받아들이는 기술이다. 자신에게 던져진 공을 똑바로 주시해 정확하게 잡는다. 그런 다음, 어떻게 공을 상대에서 되돌려 줄 것인지, 정확하게 상황을 판단하는 기술이 공감력이다. 그래서 공감력이 없는 사람은 단번에 알 수 있다. 상대의 말을 곧이곧대로 받아들이기 때문이다.

'괜찮으세요?'라고 물었는데 '괜찮아요'라는 답이 돌아오면 '괜찮구나'라고 생각한다. '본인이 괜찮다고 말했으니 당연히 괜찮겠지'라고 단정 짓는 사람은 '사람의 마음을 모른다'라고 말해도 좋다. 말로는 '괜찮아'라고 하지만, 그와 달리 '괜찮지 않은' 경우도 많다.

공감력을 높이기 위한 두 단계

그렇다면 어떻게 해야 공감력을 키울 수 있을까?

우선 상대의 감정을 정확하게 알고, 이해해야 한다. 그러기 위해서는 다음의 두 단계를 밟아야 한다.

① 자신의 감정을 정확하게 조절한다
② 상대의 감정을 정확하게 안다

예를 들어 새로 입사한 신입 사원이 연달아 난도 높은 업무를 맡게 되었다고 해보자. 멀리서 지켜봤더니 상당히 힘든 표정을 짓고 있었다. 그러자 어떤 동료가 이런 말을 건넸다.

"괜찮아? 힘들지? 무리하지 않아도 돼."

이것은 자신의 감정을 정확하게 조절하지 못했다는 증거다. 주사를 맞는 환자에게 다가가 '괜찮으세요? 주사는 아프죠? 아프면 아프다고 말해주세요'라고 말하는 간호사나 의사와 같다. 상대에게 자신의 감정을 주입하는 것이다. 자신의 감정을 정확하게 조절하지 못하는 사람은 사람마다 느끼는 방법이 다르다는 것을 모른다. 자신의 기준에서 **"괴로울 거야" "분명 좋아할 거야"**라고 멋대로 정해버린다. 그런 사람은 상대의 감정을 정확하게 알고 이해하지 못한다. 그러므로 우선은 자신의 감정을 정확하게 조절할 수 있어야 한다.

📝 최소한 알아야 할 두 종류의 공감이란?

자신의 감정을 조절하기 위해서는 '정서적 공감'을 제어해야(낮춰야) 한다.

여기서 두 종류의 공감에 대해 가볍게 설명하겠다. 정서적 공감과 인지적 공감이다. **정서적 공감이란 상대의 감정을 자신의 감정에 투영하는 것**을 말한다. 정서적 공감이 높으면 '상대의 기분이 된다.' 한편 **상대의 감정을 인지·이해하는 것을 인지적 공감**이라 부른다. 인지적 공감이 높으면 '상대의 기분을 알 수 있게 된다.'

정리하면 다음과 같다.

- **정서적 공감** → 상대의 기분이 된다 = (몸) & (주관적)
- **인지적 공감** → 상대의 기분을 이해한다 = (머리) & (객관적)

정서적 공감은 '몸'이 반응한다. 당장이라도 구토할 듯한 사람을 보면 자신도 속이 울렁거려 구토할 것 같은 기분이 든다. 상대를 도울 수 있는 상황이 아니다. 반대로 인지적 공감은 '머리'로 이해하는 것이다. 당장이라도 구토할 듯한 사람을 보면 '속이 안 좋은가?' '걷기도 힘들어 보여'라며 차분하게 상황을 파악하고 '그늘진 곳으로 데려가야겠어'라며 돕게 된다.

정서적 공감이란?

정서적 공감이 강한 사람은 상대방의 기분이 '된다'

- 그건 너무해!
- 뭐야 그게?!
- 너무 짜증 나!
- 듣는 사람
- 말하는 사람
- 갑자기 야근을 하게 됐어
- 클레임이 들어왔어
- 괴롭힘을 당했어
- 잔소리를 들었어
- 업무에 익숙해지지 않아

정서적 공감은 인간의 사회적 유대에 중요한 역할을 담당한다. 슬픔에 젖어 있는 사람을 보면 자신도 슬퍼진다. 기뻐하는 사람을 보고 있으면 자신도 기분이 좋아지듯 함께 행복을 느낄 수 있다. 보통은 정서적 공감이 높아야 '저 사람은 사람의 기분을 잘 알아' '배려심이 깊어, 좋은 사람이야'라고 생각한다.

하지만 <u>특정 직업군에서는 과도한 정서적 공감으로 인해 업무 수행에 차질을 빚기도 한다.</u> 의사나 간호사가 대표적인 예이다.

컨설턴트도 마찬가지다. 회사의 존속을 위해 사장에게 대표직에서 물러나기를 요청해야 할 때가 있다. 사장이 온갖 고생 끝에 성장시킨 회사여도 말이다. 그때 상대의 절망감과 상실감에 온전히 공감해 버리면 사퇴를 요청할 수 없다.

그래서 정서적 공감을 정확하게 제어해야 한다. 간호사가 주사를 놓을 때 환자가 느끼는 감각과 생리적 반응을 정확하게 관찰하기 위해서다.

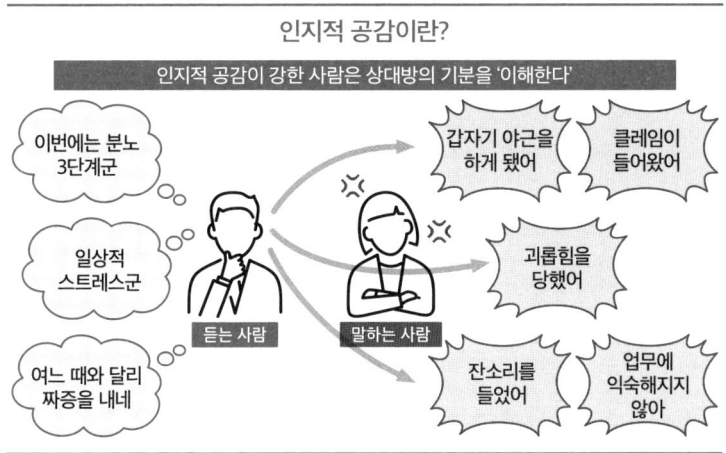

📝 정서적 공감을 조절하는 훈련법 세 가지

정서적 공감을 제어하기 위해서는 상대가 받아들이는 감정과 감각에 압도되어서는 안 된다. 압도되지 않기 위한 비결은 다음의 세 가지다.

① 전문가답게 거리를 유지

첫 번째로 전문가답게 일정 거리를 유지한다. 상대를 배려하면서도 심리적인 거리를 유지하는 훈련을 한다. '나이가 많은 부하 직원에게는 싫은 소리를 못 하겠어'라고 말하는 사람이 있다. 정서적 공감을 잘하기 때문이다. 인생의 선배로서 존중하는 것은 중요하다. 하지만 상사로서 해야 할 말이 있을 때 상대의 나이는 중요하지 않다. 전문가답게 일정 거리를 유지하면서 상사로서 해야 할 말을 한다. 그래야 감정에 압도되지 않고 차분하게 대응할 수 있다.

② **실천을 통한 습관화**

두 번째는 습관화다. '자극 적응'이라는 말이 있듯이 처음에는 자극으로 느끼던 것도 반복하다 보면 더는 자극으로 느끼지 않게 된다. 처음에는 무서웠던 주사도 여러 번 맞다 보면 괜찮아진다.

나 또한 스무 살 이상 차이 나는 경영인에게 냉정한 조언을 해야 했을 당시, 처음에는 주저했었다. '이런 말을 들으면 화를 내겠지?'라는 생각에 말을 꺼내지 못했던 적도 있다. 하지만 오랜 시간 같은 일을 반복하다 보니 익숙해졌다. 무표정한 얼굴로 날카로운 말들을 쏟아내다 보면 '사이코패스'라는 말을 듣기도 하지만, 익숙해지면 연기도 할 수 있다.

③ **자기 관리 기술의 향상**

마지막으로 자기 관리 기술의 향상이다. 의료 현장뿐만 아니라 인간의 불행이나 안타까운 현실과 마주하게 되는 업무를 수행하다 보면 몸과 마음이 지친다. 그래서 정기적인 마음 챙김(Mindfulness) 명상으로 마음의 안정을 찾거나 취미에 몰두해 재충전하는 시간을 가져야 한다. 의도적으로 꾸준히 훈련해야 한다. 그렇게 하지 않으면 자기 몸의 생리적인 반응에 따라 상대의 감정을 정확하게 이해할 수 없다.

📝 감정을 아는 열쇠 '인생의 이벤트 & 일상의 스트레스'

이어서 상대의 감정 패턴을 알 수 있는 단서를 소개하겠다. 감정에는 패턴이 있는데, 그 패턴을 알면 **"아, 이럴 때 A씨가 스트레스를 받는구나" "반대로 B씨는 이럴 때 오히려 긴장하는 성격이구나"**라는 가설을 세울 수 있다. 이 패턴을 알기 위한 열쇠는 다음의 두 가지다.

① 인생의 이벤트

첫 번째는 인생의 이벤트다. <mark>상대의 이벤트 정보를 정확하게 파악해두면 언제 어떤 감정을 느끼는지 패턴을 이해할 수 있다.</mark> 인생의 이벤트란 취학, 취업, 결혼, 출산, 승진, 이직, 은퇴, 죽음 등을 말한다.

그 정도로 큰 이벤트가 아니어도 '새로운 프로젝트를 담당하게 되었다' '부서를 이동했다' '아파트로 이사했다' 같은 일도 인생의 이벤트라 여겨도 좋다.

불행한 사건이 아닌 이상 사전에 정보를 얻을 수 있는 일들이다. 결혼, 출산, 승진 같은 인생의 이벤트가 있으면 '해야 할 일'이나 '하고 싶은 일'이 늘어나는 반면 '지금까지 해왔던 일' '앞으로 해야 할 일'에 제한이 생긴다. 그래서 감정이 흔들리게 되는 일이 많다.

이 감정의 변화를 알면 상대의 특성을 정확하게 이해할 수 있다. 다음의 두 가지 예문을 읽어보자.

"근교로 이사하셨나 봐요. 단독주택을 지으신 거예요?"
"네. 맞아요. 앞으로가 걱정이에요."
"왜요?"
"시부모님과 함께 살게 되었거든요. 여러모로 신경 써야 할 부분이 많아질 테니까요."
"그건 좀 걱정이겠네요."

하지만 이와 다른 감정을 안고 있는 사람도 있다.

"근교로 이사를 하셨나 봐요. 단독주택을 지으신 거예요?"
"네. 맞아요. 엄청나게 기대되어요."
"뭐가 그렇게 기대되세요?"
"시부모님과 함께 살게 되었거든요. 아이들이 시부모님을 엄청나게 잘 따르거든요."
"아, 그렇군요."

같은 일이어도 느끼는 감정은 사람마다 다르다. 걱정으로 받아들이는 사람이 있는가 하면 기대와 설렘으로 느끼는 사람도 있다. 함부로 판단하지 말고 중립적인 자세로 상대의 감정을 통찰해야 한다.

특히 연도가 바뀌는 타이밍에는 다양한 인생의 이벤트가 발생한다. 이 시기에는 놓치지 말고 안테나를 펼쳐보자.

② 일상의 스트레스

두 번째는 일상의 스트레스다. 일상의 스트레스는 몇 년에 한번 있을까 말까 하는 인생의 이벤트와 달리 일상에서 자주 일어나는 '소소한 사건'을 가리킨다.

인생의 이벤트와 달리 예측할 수 없다. 하지만 일상에서 일어나는 정보를 많이 가지고 있으면 패턴을 쉽게 분석할 수 있다.

가령 일과 관련해서는

- 출퇴근 지하철이 힘들다
- 고객의 불만 사항이 접수되었다
- 상사에게 꾸중을 들었다
- 갑자기 야근을 하게 되었다

가정에서 일어나는 일이라면,

- 남편이 집안일을 도와주지 않는다
- 아이들이 정리 정돈을 하지 않는다
- 저녁 식사 준비가 귀찮다

또한 자신의 몸과 관련된 일로는 아래와 같은 것이 있을 수 있다.

- 수면 부족이다
- 몸이 무겁다

• 배가 고프다

일상에서 벌어지는 작은 일들이기 때문에 이런 일로 짜증을 내면 주변 사람들이 '그런 사소한 일들로 짜증 좀 내지 마'라고 말할지도 모른다. 아마도 이 글을 읽고 있는 당신도 그렇게 생각할 것이다.

하지만 일상의 소소한 사건으로 인한 스트레스는 생각보다 크다. 인생의 이벤트보다 심신에 악영향을 크게 미친다는 조사 결과도 있다. 즉 일상의 스트레스를 이해하면 "아무도 이해해주지 않았는데 당신은 이해해주네요"라는 말을 들을 가능성이 높다. 누구보다 빠르게 공감력을 키우고 싶다면 일상의 스트레스를 중요하게 생각하길 바란다.

평소에 상대의 태도나 말투를 보고 "왜 그러지? 무슨 일이 있었나?" "오늘은 평소보다 더 많이 신경을 써야겠군" 같은 가설을 세울 수 있다. 그렇게 하면 "이 사람은 언제나 나를 배려해줘" "나를 이해해주는 사람은 이 사람뿐이야"라고 생각하게 된다. 패턴을 파악하면 어떤 일에 짜증을 내는지, 어떻게 해야 의욕이 생기는지 사람마다 이해할 수 있게 된다.

📝 공감력을 익히기 위한 나만의 학습법

마지막으로 내가 공감력을 높이기 위해 실행하고 있는 방법을 소개하겠다. 아주 간단한 방법이다. 그것은 가능한 한 똑같은 체험을 해보는 것이다. 비슷한 체험을 하면 상대의 감정을 몸으로 느낄 수 있다.

예전에 내가 자주 했던 방법이 의뢰인 기업의 영업 사원과 함께 고객을 만나는 것이었다.

"당신이 현장을 모르니까 그런 말을 하는 거예요!"라는 말을 들었기 때문에 영업 사원과 함께 고객을 방문했다. 회사 차를 타고 사무실을 출발해 고속도로를 달려 고객의 공장을 찾아간다. 규모가 큰 공장은 방문 절차도 복잡하다. 보안 확인이 엄격해 공장 안에 들어가지 못할 때도 있었다. 사전에 방문 신청을 해도 갑자기 예정이 변경되어 들어가지 못하고 되돌아와야 했던 일도 많았다.

회의에서는 '하루에 세 곳이 아니라 네다섯 곳씩 방문하세요'라고 사장이 재촉했지만 같은 체험을 반복하다 보면 '방문을 한 곳만 늘리는 것도 매우 힘든 일'이라는 걸 알게 된다. 그렇게 되면 상대에게 건네는 말투도 달라진다.

예전에는 '고작 한 곳 늘리는 것뿐인데?'라며 아무렇지도 않게 말했지만, 똑같은 경험을 하고 난 후에는 상대의 감정을 이해한 상태에서 독려하게 된다.

"이 컨설턴트는 우리의 노고를 안 상태에서 말하고 있어."

같은 말이라도 상대가 받아들이는 방식이 달라진다.

컨설턴트는 말만 많고 행동하지 않는 경향이 있다. 그래서 나는 조금이라도 상대와 같은 체험을 해보려고 노력한다. 다른 부서의 일을 돕고, 부하 직원에게 맡긴 잡무를 직접 해본다. 한 번도 해보지 않았던 영업활동을 체험해본다. 매장에 가서 고객과 만나본다.

체험을 통해 머리로는 이해하지 못하던 것을 몸으로 느낄 수 있다.

📝 딱 한 가지 조언!

똑같은 체험을 해본 적이 없다면 안다고 말하지 말 것.

'당신이 제 마음을 알아요?'라는 질문을 받고 쉽게 '알아요'라고 대답하면, 상대가 '알 리가 없어요!'라며 화를 낼지도 모른다. 만약 그런 말이 돌아오지 않더라도 말을 쉽게 한다, 공감력이 부족하다고 생각할 가능성이 높다.

단 한 번도 집안일이나 육아를 돕지 않았던 남편이 '아내가 고생하는 거 다 알아요'라고 말했을 때 반감을 사는 것과 같다.

서로 이해하기 위해서는 유사한 체험을 통해 정서적 공감을 갈고닦아야 한다.

만약 체험하지 못했다면 가볍게 '안다'라고 말하지 않는 것이 좋다.

11 경청력 습득하기

'액티브 리스닝'의
마음가짐 세 가지와 훈련법 두 가지

※ 전용성 소질[사람과 관계를 맺는 방법: 사내 대응]

📝 말하는 기술보다 중요한 경청

컨설턴트는 굳이 말하자면 능동적이다. 코치처럼 수동적이지 않다. 누락 없이, 중복 없이 데이터를 모아 분석하고 문제를 특정해 해결책을 제안한다. 이것이 컨설턴트의 일이다. 그래서인지 풀(pull)형보다 푸시(push)형에 가깝다고 생각하는 사람도 많다. 실제로 컨설턴트 업계에는 달변가인 사람이 많다.

다만 컨설턴트의 상대는 기계나 컴퓨터가 아니다. 언제나 사람이다. 이론이 맞다고 해서 반드시 의뢰인이 행동을 바꾸고 조직을 개편하는 건 아니다.

무슨 일이든 마찬가지다. 사람과 사람 사이에 신뢰가 없으면 일을 진행할 수 없다. 물론 합의 형성 또한 이루어지지 않는다.

여기서는 사람과 신뢰 관계를 구축하는 '경청력'과 그 힘을 익히기 위한 방법을 배워보자. 최근에는 특히 '액티브 리스닝(능동적 경청)'이 주목을 받고 있으며, 말하는 기술보다 중요하게 여겨진다.

📝 당신의 경청 레벨은? '경청 레벨의 5단계'

먼저 당신에게 묻고 싶다. 최근 들어 '내 이야기를 진지하게 들어줬어'라고 생각하게 되는 경험이 얼마나 있는가? 하고 싶은 말이 있어서 대화를 요청했는데 상대가 내 이야기를 진지하게 들어줬던 경험이 있는가? 게다가 '아무에게나'가 아니라 '이 사람에게' 하고 싶었던 이야기를 '그 사람'이 진지하게 들어준 경험이 있는가? 의외로 적을 것이다.

반대로 '진지하게 이야기를 들었어'라고 생각하는 사람은 제법 있을지도 모른다. 이처럼 '차분하게 이야기를 들었어'라고 생각하는 사람과 '잘 들어주지 않던걸'이라고 생각하는 사람의 조합이 많을 것이다.

어느 쪽이 맞느냐 하면, 말하는 사람의 말이 맞다. 듣는 사람이 '나는 진지하게 상대의 이야기를 들었어'라고 강하게 주장해도, 말하는 사람이 '하고 싶었던 말의 절반도 못 했어'라고 생각한다면 듣는 사람의 경청력에 문제가 있는 것이다. 이것은 부인할 수 없다. 이러한 인식의 차이가 상사와 부하, 영업 사원과 고객, 동료 사이, 부모와 자식 사이 등 다양한 조합에서 일어난다.

==경청력을 높이고 싶다면 말하는 사람의 말이나 반응을 통찰해야 한다.== 다음과 같은 말을 자주 듣는지 주의 깊게 확인해야 한다.

"매번 ○○ 씨와 이야기를 나누다 보면 시간 가는 줄 모르겠어요."

"○○ 씨와 대화를 하면 저도 모르게 말을 더 하게 돼요."

"이유는 모르겠지만 다른 사람에게는 하지 못하는 말을 하게 돼요. 신기할 따름이에요."

이런 말과 함께 '정말로 감사합니다. 다음번에도 들어주세요'라는 인사를 받는다면, 이 사람의 경청력은 진짜다. 하지만 다음과 같은 말을 듣게 된다면 특히 주의해야 한다.

"하고 싶었던 말의 절반도 하지 못했어요."

"이런저런 이야기를 하고 싶었지만, 이젠 됐어요."

"말해도 의미가 없겠죠. 더는 말하고 싶지 않아요."

평소의 태도를 점검해야 한다. 이 '경정 레벨'을 1에서 5까지 표현해보았다. 꼭 참고하길 바란다.

'경청 레벨'의 5단계

레벨	듣는 사람의 인상	이야기한 내용	이야기한 시간
5	마음속 깊이 관심을 가지고 듣는다	생각지도 못했던 내용까지 이야기해버렸다	시간 가는 줄 몰랐다
4	선입견 없이 듣는다	예상과 달리 여러 가지를 이야기했다	시간을 신경 쓰지 않았다
3	제안을 해줘야겠다는 생각으로 듣는다	생각한 내용을 대부분 이야기했다	정해진 시간 안에 끝내려고 생각했다
2	듣고는 있지만 관심이 없다	생각한 내용의 절반밖에 말하지 못했다	언제 끝낼지 생각하고 있었다
1	전혀 듣지 않는다	생각한 내용을 거의 다 말하지 못했다	빨리 끝내고 싶다는 생각만 했다

비즈니스를 하는 사람에게는 레벨 4 이상의 경청력이 필수다.

경청하기 위해서 버려야 할 네 가지

고작 경청인 것 같지만 그래도 경청이다. 애초에 '듣기'라는 말은 1988년 당시 한 학자가 '청각 자극을 받아, 주의를 기울여 의미를 부여하는 과정'이라고 정의했다. 한편 케이트 머피의 저서 《좋은 관계는 듣기에서 시작된다》를 보면 사람을 대하는 문맥에 대해 이렇게 쓰여 있다.

- 상대의 머리와 마음속에서 무슨 일이 일어나고 있는지 이해할 것
- '당신을 생각하고 있어요'라는 태도를 보일 것

현재 일반적으로 사용하는 '경청'은 대인관계를 좋게 만들기 위해 쓰이고 있는 만큼 능동적 경청이야말로 오늘날의 정확한 정의라고 말할 수 있다.

경청은 일반적으로 다음의 두 가지로 나뉜다.

① 패시브 리스닝
② 액티브 리스닝

패시브 리스닝이란 수동적 경청이다. 듣고 있는 도중에 다른 일을 생각하거나 다음 차례에 자신이 무슨 말을 할지만 생각한다. '이야기에 집중하지 않는' 상태로 경청하는 것이 '패시브 리스닝'이다.

한편 액티브 리스닝이란 능동적 경청이다. ==선입견 없이 상대에게 관심을 가지고 경청하는 것==이다.

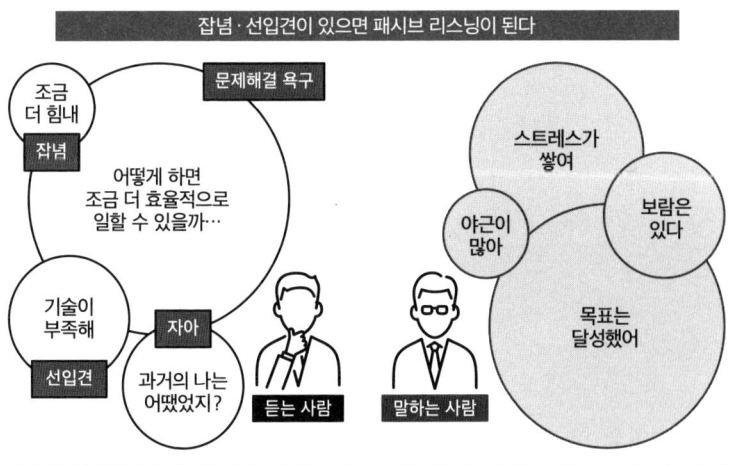

경청, 즉 '바르게 듣기' 위해서는 다음의 네 가지를 버려야 한다.

① 잡념
② 선입견
③ 자아
④ 문제해결 욕구

우선 뻔한 말이지만 잡념이 있으면 바르게 경청할 수 없다. 듣기평가 중에 '오늘 점심은 뭘 먹을까?'라는 생각을 하면 0점을 맞을 것이다. 경청도 마찬가지다.

두 번째는 선입견이다. 선입견을 전부 없앨 수는 없다. 하지만 의식적으로 배제해야 한다.

"어차피 착각하는 걸 거야."

"그냥 편하게 하고 싶다는 소리겠지."

이런 생각을 하면서 이야기를 들으면 그 감정이 고스란히 상대에게 전달된다. 그러다 보면 말하는 사람은 중간에 말하고 싶은 생각이 사라진다.

세 번째는 자아다. 자아를 버리고 귀를 기울여야 한다. 그렇게 하지 않으면 '나라면 이렇게 할 텐데' '나로서는 도저히 생각할 수 없는 사고방식이야'라는 사고의 노이즈가 머릿속에서 증식한다. 그렇게 되면 관심이나 호기심을 가지고 이야기를 들을 수 없다.

네 번째는 문제해결 욕구다. 제안 욕구라고도 말한다. 솔직히 컨설턴트는 직업상, 그 욕망을 버리기 어렵다. 선입견과 자아는 버릴 수 있어도 문제해결 욕구는 자동적으로 발동한다.

"그 정도로 고민하고 있다면 어떻게든 도와주고 싶어. 어떻게 하면 좋을까?"

"그게 사실인지 아닌지, 객관적인 데이터를 모아 확인하는 편이 좋을 것 같아."

<u>액티브 리스닝을 하기 위해서는 말하는 사람이 안고 있는 문제나 고민을 해소하려고 하지 말 것</u>. 목적은 말하는 사람에게 **"내 이야기를 진지하게 들어줬어. 기뻐"**라는 감정을 느끼게 만드는 데 있다. 그래서 경청해야 할 때는 완벽하게 경청 모드로 전환해야 한다.

태도는 경청뿐만 아니라 소통의 기본이다. 말하는 사람은 '내 이야기를 차분히 들어줬으면 좋겠어'라고 생각하고 있는데, 듣는 사람이 '문제를 안고 있다면 해결해줘야지'라는 자세를 취해서는 안 된다.

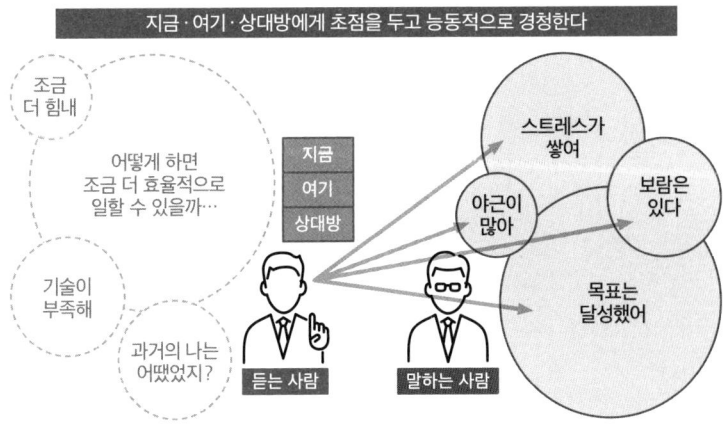

📝 액티브 리스닝의 마음가짐과 훈련법

액티브 리스닝을 하는 데 절대로 빼놓을 수 없는 마음가짐 세 가지를 소개한다. 평소에 이 세 가지를 반드시 염두에 두고 이야기를 들어야 한다.

① 둘만의 환경을 만든다

먼저 환경 만들기다. 누군가에게 '하고 싶은 말이 있어요'라는 말을 들었다면 반드시 둘만 대화할 수 있는 환경을 만든다. 다음 사람이 있거나, 회식 중에 액티브 리스닝을 해서는 안 된다.

말하는 사람도 주변 환경이 신경 쓰여 마음을 열지 못한다.

② 상대를 향해 앉는다

이어서 자세다. 액티브 리스닝을 할 수 있는 환경을 만들었다면 상대를 향해 앉는다. 무릎을 상대 쪽에 둔다는 생각으로 자세를 고쳐 잡는다. 당연히 다리를 꼬거나 몸을 젖혀서는 안 된다.

③ 노이즈 발신기를 모두 차단한다

마지막으로 스마트폰이나 노트북 등을 만지고 있었다면 기기는 보이지 않는 곳에 내려놓는다. 단순히 화면을 끄는 것만으로는 안 된다. 가방 속이나 책상 서랍에 넣어둔다. 그럴 수 없는 상황이라면 다른 장소로 이동한다. 책을 읽던 중이라면 덮고, TV가 켜져 있다면 끄고 다른 방으로 이동한다.

완벽하게 차단하지 못하더라도 가능한 한 산만해질 수 있는 노이즈 발신기는 시야에 들어오지 않게 한다.

이어서 훈련하는 데 중요한 포인트를 소개하겠다.

==액티브 리스닝에는 '공감적 이해' '무조건 긍정적인 관심' '자기일치'의 3원칙을 지키는 것이 중요==하다. 하지만 이러한 원칙을 지키기 위해서 어떻게 해야 하는지는 알기 어렵다.

그래서 액티브 리스닝을 할 때는 다음의 두 가지 포인트를 의식해야 한다.

① 무조건 긍정적인 리액션

먼저 리액션이다. 말하는 사람을 이해하고 싶고, 공감하고 싶어도 그 마음이 전달되지 않으면 아무런 의미가 없다. 상대에게 전달하기 위해서는 알기 쉬운 정보를 전달하는 것이 가장 중요하다.

상대의 감정에 망설임 없이 무조건 긍정한다는 리액션을 보여준다. 망설이고 괴로워하고 있는 상대를 보며 "**그런 일로 고민하지마**" "**나야말로 더 힘들거든**"이라고 생각해서는 안 된다. 공감하며 '정말 힘들겠다'라는 표정을 짓는다. 즐거운 일이 생겨 기뻐하고 있는데 "**그런 일로 즐거워하지 마**" "**뭐가 즐겁다는 건지 도저히 이해할 수가 없어**"라며 자신의 가치관으로 필터를 걸러서는 안 된다. 무조건적으로 긍정하고, 연기라도 좋으니 웃음을 짓는다. 그러면 듣는 사람은 '이 사람은 공감해 주는구나!' '조금 더 이야기하고 싶어'한다.

무조건 긍정적인 리액션을 이어가면 말하는 사람의 심정을 충분하게 받아들일 수 있다. '공감적 이해' '무조건 긍정적인 관심'의 원칙을 지킬 수 있다.

② 소소한 질문

무슨 일이든 '응, 응' '아~' '그렇구나~' '맞아, 맞아'라고 반응해가며 이야기를 들으면 로봇처럼 보일 것이다. 시간이 지날수록 말하는 사람은 조금씩 불안에 휩싸인다.

"**이 사람, 기계적으로 대답하는 것 같은데?**"
"**기계처럼 반응하는데? 실제로는 내 이야기에 관심이 없는 거 아니야?**"

말하는 사람이 이런 의문을 갖는다는 것은 '자기일치'의 원칙이 지켜지지 않았다는 증거다. 자기일치란 듣는 사람과 말하는 사람 모두 진지한 태도를 보이는 것을 말한다. 말하는 사람을 있는 그대로 받아들이기 위해서는 거짓 없이 자기 자신을 수용해야 한다.

그러기 위해서는 궁금한 내용이 생기면 적극적으로 질문해야 한다. 다음의 예문을 살펴보자.

> **자기 불일치의 경우**

화자: 책을 읽어도 기술이 늘지 않아요.
청자: 아, 정말요?
화자: 한 달에 다섯 권씩 읽고 있는데 말이죠.
청자: 그렇군요.
화자: 독서는 아무런 도움이 되지 않은 걸까요?
청자: 글쎄요.

> **자기 일치의 경우**

화자: 책을 읽어도 기술이 늘지 않아요.
청자: 아, 정말요?
화자: 한 달에 다섯 권씩 읽고 있는데 말이죠.
청자: 어머, 다섯 권씩이나요?
화자: 네. 그런데도 아무런 도움이 되지 않는다는 느낌이 들어요.
청자: 왜 그럴까요? 읽고 있는 책의 문제일까요?
화자: 그렇죠? 이상하죠? 보통은 의심하는 게 맞는 거죠?

자기 불일치의 경우를 보면 알 수 있듯이 기계적으로 리액션하면 말하는 사람은 조금씩 마음의 문을 닫게 된다. 그래서 무조건 긍정적인 리액션만 할 것이 아니라 소소한 의문이 생긴다면 그때마다 질문을 던져야 한다.

"궁금해서 그러는데, 어떤 기술을 배우려고 하는 거야?"
"참고로 평소에 어디에서 책을 사?"

이런 질문은 관심을 가지고 경청하고 있다는 메시지가 된다. 적절하게 질문을 던져보자.

📝 액티브 리스닝을 익히기 위한 나만의 학습법

마지막으로 내가 액티브 리스닝을 사용한 사례를 소개하겠다. 내가 액티브 리스닝을 활용할 때는 '명상처럼 경청'하려고 노력한다. 《좋은 관계는 듣기에서 시작된다》에서는 경청을 명상처럼 생각하는 것이 좋다고 말한다. '명상을 할 때 자신의 호흡과 생각에 의식을 집중하는 것처럼 이야기를 들을 때는 말하는 사람에게 의식을 집중한다.' 명상의 기본은 '지금' '여기' '자신'에게 초점을 두는 것. 그래서 자신의 호흡과 손과 발의 온기, 단전에서 느껴지는 묵직한 기운에 의식을 둔다.

과거에 자신이 했던 일이나 1시간 후에 자신이 해야만 하는 일. 가족이, 부하 직원이, 고객이 무엇을 하고 싶어하는지, 무엇을 하려고 하는지에 대해 생각하는 것이 아니다.

액티브 리스닝도 마찬가지다. 나는 다음의 세 가지에 초점을 맞춰 경청한다.

- 지금
- 여기
- 상대

과거의 일이나 미래의 일. 다른 장소에서 일어나고 있는 일이나 자신

혹은 타인의 일에 의식을 두지 않는다. 만약 거기에 초점을 두었다면 '지금' '여기' '상대'를 향해 생각을 바꾼다.

그렇게 하지 않으면 다른 사람의 이야기를 건성으로 듣게 된다. 이야기를 듣고 있는 것 같아 보여도 중요한 부분을 놓치게 된다. 그래서 나는 명상처럼 경청하기 위해 노력한다.

📝 딱 한 가지 조언!

경청은 중요하지만 들어야 할 상대를 착각하면 불행해질 가능성도 있다. 주의해서 경청해야 한다.

경청은 상대에게 '부여하는' 행위다. 자신의 시간, 생각, 호기심을 온전히 맡겨야 말하는 사람이 마음을 연다. 그래서 더욱 주의가 필요하다.

심리학자 애덤 그랜트의 저서 《기브앤테이크》에서는 기버(giver, 아낌없이 주는 사람), 테이커(taker, 자신의 이익을 우선시하는 사람), 매처(matcher, 손해와 이익의 균형을 생각하는 사람) 세 부류로 사람을 나눈다. 그리고 '성공한 기버'가 되기 위해서는 '테이커'를 상대하지 말아야 한다고 강조한다. 아무렇지도 않게 타인을 착취하는 사람에게까지 베풀면 불행해진다는 이유에서다.

'테이커'는 '상대가 자신의 이야기를 들어주었다면, 자기가 한 이야기를 완전히 이해하고 있다고' 생각한다. '자기의 생각을 이해하고 요구사항도 받아들여줄 것이라고' 생각한다. 이러한 '테이커'의 이야기까지 전부 다 들어주었다가는 이용당할 가능성이 있다. 상대를 골라서 경청하자.

12 질문력 습득하기

질문의 3대 기능을 알고 '질문의 질'을 키우자

※ 전용성 소질[사람과 관계를 맺는 방법: 사내·사외 대응]

📝 질문은 인생을 바꾼다!

'질문'이 인생을 바꾼다는 말을 자주 듣는다. 컨설턴트는 확실히 '질문력'이 많이 필요하다. 질문력이 높아야 유익한 정보를 효율적으로 손에 얻을 수 있다. 그뿐만 아니라 머릿속을 정리할 수 있으며 새로운 발상을 떠올릴 수도 있다. 질문이란 마법의 의사소통 기술이다.

여기서는 질문력을 익히는 방법을 자세히 소개하겠다. 우선 절대로 해서는 안 되는 다섯 가지 질문을 소개한다. 이어서 질문의 3대 기능을 설명하며, 질문력을 높이는 방법과 메모하는 방법 등 비결을 숨김없이 소개한다.

생성형 AI 시대에 빠트릴 수 없는 기술이기도 하다.

📝 현저하게 신뢰를 떨어뜨리는 최악의 질문 다섯 가지란?

컨설턴트라는 직업상 내가 질문을 하는 경우가 많지만 질문을 받을 때도 제법 많다. 일반적인 비즈니스를 하는 사람보다 지식이나 경험이 풍부할 거라는 인식 때문이다. 게다가 나는 TV나 잡지 등 미디어에 노출되는 경우가 많아 매번 '조금 더 질문력을 키우고 싶다'라는 생각을 뼈저리게 한다.

미안하게도 '질문을 받고 뭐라고 대답해야 할지 모를 때'가 있다. 직접 질문을 받으면 '그러니까 이런 걸 알고 싶은 거죠?'라며 다시 물을 수 있다. 하지만 설문조사나 서면으로 질문을 받은 경우 질문자의 의중을 알 수 없다. 내 나름대로 해석한 다음에 질문에 대답할 수밖에 없는데, 원하는 대답이 되었는지는 매번 알 수 없다.

이처럼 질문력이 부족하면 원하는 정보나 지식을 효율적으로 손에 얻을 수 없다. 얻기는커녕 신뢰를 잃기도 한다. 그래서 최소한의 지식은 익혀야 한다. 여기서는 내 경험을 바탕으로 해서는 안 되는 최악의 질문 다섯 가지를 소개하겠다. 질문력을 올리기 전에 먼저 이 다섯 가지를 꼭 기억하길 바란다.

① **궁금한 점이 떠오르면 그대로 질문한다**
② **질문해야 할 상대를 착각한다**
③ **생각해보면 알 수 있는 것을 질문한다**
④ **찾아보면 알 수 있는 것을 질문한다**
⑤ **추상적인 내용을 질문한다**

하나씩 소개하겠다. 첫 번째 '궁금한 점을 그대로 질문한다'.

'하늘은 왜 파랄까?' '왜 비행기는 떨어지지 않을까?'처럼 궁금한 점이 떠오르면 그대로 질문하는 사람이 있다. 어린아이는 그렇다 치더라도 비즈니스를 하는 사람이 순진하게 **"과장님, 왜 매출이 안 오를까요?"**라고 질문한다면 당신은 어떤 생각이 들겠는가?

이렇게 궁금증을 그대로 질문하면 '깊이 있게 생각하는 습관이 없는 사람'이라는 낙인이 찍힌다.

애초에 질문은 만드는 것이다. 특히 비즈니스에서는 좋은 질문을 만드는 습관을 들여야 한다. <mark>일단 스스로에게 물은 뒤, 질문을 만들어보자.</mark>

"왜 매출이 오르지 않을까요? 신제품이 출시될 때마다 일시적으로 매출이 올랐는데 이번에는 왜 그런 조짐이 보이지 않죠?"

이렇게 질문하면 질문을 받은 상대도 크게 곤란해하지 않는다.

두 번째로 '질문해야 할 상대를 착각한 질문'이다.

"과장님, 부장님께서 기획 회의를 준비하라고 지시하셨습니다. 어떻게 해야 할까요?"

질문해야 할 상대방을 착각하면 '그걸 왜 나한테 물어요? 부장님께 물어보세요'라는 답변이 돌아온다. <mark>질문하기 편한 상대가 아니라 누구에게 묻는 것이 최선인지 언제나 생각하는 습관을 들여야 한다.</mark>

세 번째로 '생각해보면 알 수 있는 질문'이다. 질문한 후에 '나한테 묻기 전에 스스로 생각해봤어요? 생각한 다음에 질문하세요'라는 주의를 받은 적이 없는가?

"듣고 보니 그렇네요."

"생각해보니 그렇네요."

이런 말을 입버릇처럼 하는 사람은 조심해야 한다. 생각하는 습관이 부족할지도 모른다. 질문하기 전에 <mark>스스로 생각해보면 알 수 있지 않을까 하고 자문자답하는 습관을 익혀야</mark> 한다.

네 번째로 '찾아보면 알 수 있는 질문'이다. 생각해봐도 모르는 것은 많다. 경험과 지식이 부족하면 제대로 생각할 수 없다. 하지만 찾아봐서 알 수 있는 것들은 스스로 찾아보자. 고객을 대할 때도 마찬가지다.

'귀사가 지금 가장 힘을 쏟고 있는 상품은 무엇인가요?'라는 질문을 해서 '홈페이지도 확인하지 않고 방문하신 건가요? 홈페이지나 저희 팸플릿을 봤으면 그 정도는 알 수 있었을 텐데요'라는 답변이 돌아오도록 해서는 안 된다. <mark>좋은 질문을 하기 위해서라도 철저한 사전 준비가 필요하다.</mark>

다섯 번째로 '지나치게 추상적인 질문'이다. <mark>'모호한' 질문은 초점을 흐린다.</mark> 초점이 흐려지면 상대방은 '뭐라고 대답해야 하지?' 하며 생각에 빠진다. 대표적인 질문이 **"요즘 어떠세요?" "곤란한 일은 없으세요?"**이다. '재미있는 화젯거리 없어?'라는 질문을 받으면 '화젯거리라…' 하고 상대가 난감해할 것이다.

"지난달 17일에 전시회에 출품하셨는데, 관객들 반응은 어땠나요?"

이렇게 질문해야 초점이 맞다. 그래야 '지난달에 열린 전시회에 많은 관객이 찾아주셨어요. 그런데 예상했던 관객층은 많지 않았어요' 하고 상대방도 쉽게 답변할 수 있다.

📝 모르면 부끄러운 질문의 3대 기능?

질문력을 높이기 위해서는 질문의 3대 기능을 알아야 한다. 기능을 알고 질문하면 자연스럽게 질문력이 향상된다. 그렇다면 질문의 3대 기능이란 무엇일까?

기능1 모르는 것을 알기

첫 번째 기능은 '모르는 것을 아는 것'이다. 질문의 가장 기본적인 기능이지만 많은 사람이 이 기능을 제대로 사용하지 못하고 있다. 질문하기 전에 반드시 해야 하는 것이 다음의 두 단계다.

① 나는 정말로 그것을 모를까?
② 그것을 가장 잘 알고 있는 사람은 누구일까?

예를 들어 '사장이 생각하는 회사의 방향성은 무엇일까?'라는 의문을 떠올렸다고 치자. 그런 생각을 하는 것은 매우 바람직하다. 다만 그런 의문이 떠오르면 주변 동료들에게 갑자기 물어보지 말고 먼저 혼자서 생각해본다.

'정말로 내가 모를까?' 이런 식으로 스스로에게 물으면 '사장의 신년사' '사장이 아침 회의에서 했던 말' '사장이 경영 회의에서 했던 말' 등이 떠오를 것이다. '잠시 잊고 있었지만, 사장이 생각하는 방향성은 이미 알고 있었어' 하고 의문이 해소된다.

이처럼 사실을 알고 있음에도 질문하는 일이 많다. 자신의 기억을 되살려 다시 떠올리는 횟수가 많을수록 기억을 유지하는 힘이 단련된다. 그러니 무턱대고 질문해서는 안 된다.

<mark>자문자답까지 해봤지만, 짐작조차 할 수 없을 때는 '그것을 가장 잘 아는 사람이 누구인지' 생각한다.</mark>

예를 들어 마케팅을 알고 싶으면 이 분야의 전문가가 누구인지 떠올려본다. 다른 사람에게 질문할 때도 있지만, 책에서 답을 찾기도 하고 인터넷에서 찾아보는 방법도 있다. 하지만 어떤 방법이든 '그것을 가장 잘 아는 사람은 누구인가?'라는 질문을 던져야 한다.

책을 쓴 저자라고 해서 그 사람이 가장 잘 안다는 보장은 없다. 인터넷 뉴스도 SNS도 마찬가지다. '그것을 가장 잘 아는 사람은 누구인가?'라는 질문을 던지고 가설을 세운 다음 질문하는 습관을 키우자.

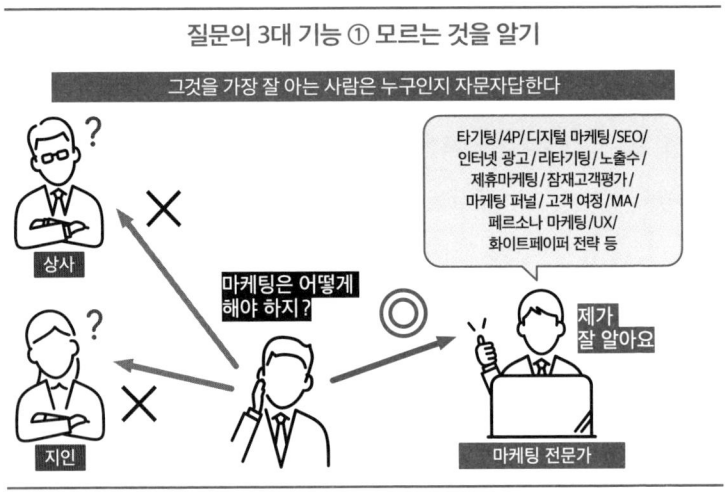

기능2 상대를 생각하게 만든다

두 번째는 상대를 생각하게 만드는 기능이다. 선생이 학생에게, 상사가 부하에게 생각하길 바랄 때 사용한다. 예를 들면 상대가 주체적으로 문제를 해결하길 바랄 때이다.

"팸플릿을 본 고객이 이해하기 어렵다고 하세요. 문구를 조금 더 심플하게 수정해주세요"라고 말하거나, 아니면 질문을 던져 상대가 생각하게 만든다.

"팸플릿을 본 고객이 이해하기 어렵다고 하세요. 뭐가 문제일까요?"
"글쎄요, 그렇게 이해하기 어려운가요?"

"만든 우리야, 이해하기 어렵지 않죠."

"조금 더 심플하게 수정해볼까요?"

"글이 너무 많은 걸까요?"

"소리 내서 읽어보면 이해할 수 있긴 한데, 아무래도 문구가 길어서 이해하기 어려운 거 같아요."

"수정해줄래요?"

"알겠습니다. 조금 더 심플한 문구로 작성해보겠습니다."

정답을 알고 있으면 상대를 생각하게 만들지 않아도 된다. 정답을 그대로 전달하는 편이 더 효율적이다. 하지만 그렇게 해서는 상대의 사고력을 성장시킬 수 없다.

이 방법은 영업 사원이 고객과 교섭할 때도 활용할 수 있다. 일방적으로 제안하기보다 고객 스스로 답을 찾게 만들면 고객이 납득하기도 쉽다.

'업무의 효율화를 촉진하기 위해서는 디지털화를 추진하는 편이 좋습니다'라고 제안하기보다 고객의 입으로 제안을 말하게 만들면 더욱 쉽게 납득시킬 수 있다.

"업무의 효율화를 촉진하기 위해서는 어떻게 해야 할까요?"

"음, 아무래도 디지털의 힘을 빌리는 게 좋겠죠? 지금까지 해왔던 낡은 방식을 고집해서는 안 돼요."

<u>장기적인 시점으로 생각하면, 자기 생각을 밀어붙이는 것보다 질문으로 상대를 생각하게 만드는 계기를 많이 만드는 것이 좋다.</u> 순조롭게 합의를 형성하기 위해서도 매우 중요한 방식이다.

이어서 상대를 생각하게 만드는 질문 유형을 소개한다. 기본은 '5W2H'로 의문사를 사용한 개방형 질문이다.

- 언제?(When)

    예: 그것은 언제까지 해야 하나요?

- 누가?(Who)

    예: 이것은 누가 좋아하는 서비스인가요?

- 무엇을?(What)

    예: 이 상품의 특징은 무엇인가요?

- 어디서?(Where)

    예: 그것은 어떤 과정에서 일어나는 건가요?

- 왜?(Why)

    예: 이 사업은 왜 성공했나요?

- 어떻게?(How)

    예: 그 고객에게는 어떻게 제안해야 하나요?

- 얼마나?(How Much)

    예: 그것을 하면 얼마나 늘어나나요?

이 일곱 가지 종류를 기억하기만 해도 어떻게든 응용할 수 있다. 그 자리의 상황에 맞춰 '5W2H'의 의문사를 활용한 질문을 생각해본다.

질문의 3대 기능 ② 상대를 생각하게 만든다

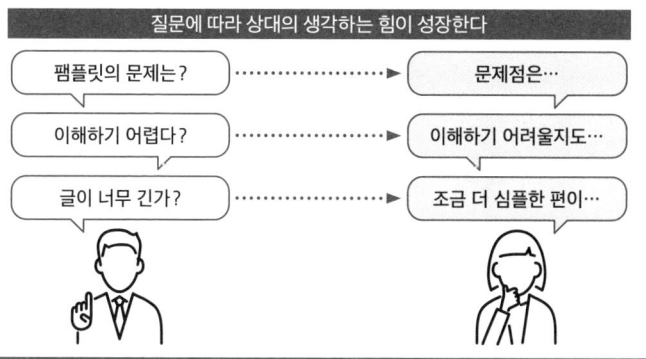

기능3 상대의 머릿속을 정리한다

마지막으로 소개하는 기능이 '상대의 머릿속을 정리하기'다.

질문에는 '상대의 머릿속을 정리하는' 매우 편리한 기능이 있다. 의도하지 않았지만 다른 사람에게 질문을 던졌을 뿐인데 **"당신 덕분에 머릿속이 정리되었어요"**라는 답이 돌아온 적이 있지 않은가? 무심코 던진 질문만으로도 상대가 스스로 생각해서 머릿속을 정리하는 데 도움을 줄 수 있다.

상대의 머릿속을 정리하기 위해서는 5W2H의 의문사를 사용해 질문한다. 그리고 거기서 나온 정보를 분류한다.

효과적인 질문은 상대의 머릿속을 정리한다. 요령은 두 가지다. 일단 이 두 가지만 기억해보자.

- **필요한 것과 필요하지 않은 것을 나눈다**
- **순서대로 나열한다**

필요한 것과 필요하지 않은 것을 구분할 때는 목적이나 목표에 관해 질문하는 것이 가장 **빠르다**. 목표와 달성해야 할 시기가 구체적이면 자연스레 무엇이 필요하고, 무엇이 필요하지 않은지 알 수 있다.

그리고 질문에 따라 행동의 구체성이 올라간다. 무엇을 먼저 해야 할지도 자연스럽게 알게 된다.

상대가 사장이든 지점장이든 관계없다. 높은 위치에 있는 사람도 의외로 자신에 대해서 잘 알지 못한다. 객관적인 위치에서 질문하기만 해도 상대의 머릿속이 정리된다.

이 두 가지 요령을 기억하며 질문을 반복한다. 지위가 높은 사람일수록 솔직하게 응하며 '매번 당신 덕분에 머릿속이 정리되네요'라는 칭찬을 받고 큰 신뢰를 얻을 수 있다. 왜냐하면 머릿속을 정리하는 사이에 잊고 있었던 본질이나 예상하지 못했던 새로운 발상을 떠올리기 때문이다.

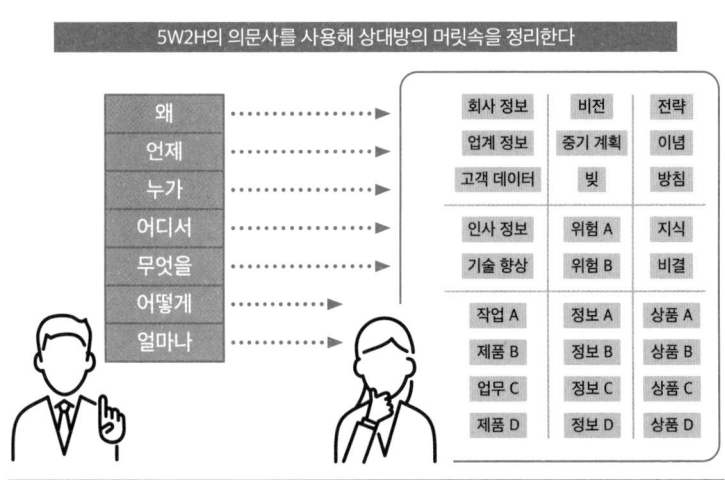

질문의 3대 기능 ③ 상대방의 머릿속을 정리한다

📝 질문력을 익히기 위한 나만의 학습법

마지막으로 질문력을 높이기 위해 내가 실행하고 있는 것을 소개하겠다. 바로 메모다. 특히 상대의 머릿속을 정리할 때 메모한다. 왜냐하면 상대의 머릿속을 정리하기 위해서는 자신의 머릿속도 정리해야 하기 때문이다.

메모하는 방법에 형태는 필요하지 않다. 다만 순서는 신경 쓰는 게 좋다. 내가 의식적으로 행하는 과정 넷을 정리하면 다음과 같다.

① 중요한 화제는 한 문장으로 메모한다
② 메모를 보면서 주제에 맞는 질문을 반복한다
③ 이야기의 주제와 맞지 않는 메모에는 × 표시를 한다
④ 남은 메모의 순서를 바꾼다

대략 이 정도이다. 시간이 있으면 메모를 깨끗하게 옮겨 적는다. 가능하면 메모를 메일로 정리해 상대에게 보내는 것도 좋다.

📝 딱 한 가지 조언!

상대의 머릿속을 정리할 때는 한번씩 원래 목적과 주제와 관련된 질문을 던진다. 무심코 떠올린 질문을 반복하면 오히려 상대의 머릿속이 복잡해져서 점점 '엉뚱한 방향'으로 이야기가 흐르게 된다. 그래서 **"애초에 그것은 어떤 목적에서 하는 건가요?" "어떤 이유에서 이 문제가 발생했나요?"** 처럼 일단 처음으로 돌아간다. 메모를 통해 대화의 주도권을 잡아야 한다. 메모는 지도와 같다. 꼼꼼하게 메모하면 대화 도중에 길을 잃지 않는다.

13 코칭 스킬 습득하기

코칭의 기본과 원칙 '8단계 목표 설정'

※ 전용성 소질[사람과 관계를 맺는 방법: 부하 직원 관리]

📝 코칭기술을 어떻게 익힐 것인가?

이 책에서 소개하는 내용 중에서 가장 높은 수준의 기술이 '코칭'이다. 코칭은 비즈니스 세계에 널리 보급되어 있는 만큼 관심을 가지고 지켜보는 사람이 매우 많다.

컨설턴트에게도 코칭기술이 필요하다. 목표 달성을 위한 의사소통 기술로서 중요한 역할을 담당하기 때문이다.

여기서는 코칭의 기본 용어와 무조건 기억해야 할 3원칙, 코칭기술을 익히는 데 유용한 질문 기법(8단계 목표 설정)도 소개한다. 지금부터 코칭을 배우고 싶은 사람, 실천적인 방법을 알고 싶은 사람은 부디 끝까지 읽고 확실하게 이해하길 바란다.

📝 코칭기술은 천재들만 보유한 스킬?

가장 먼저 코치와 의뢰인의 용어를 설명하겠다.

우선 '코치'다. 코치의 역할은 질문을 통해 의뢰인에게 자기 통찰을 촉진하고, 목표 달성을 위한 행동 변화를 재촉하는 것이다. 주로 경청과 질문을 사용한다. 컨설턴트와 달리 조언하지 않는다는 것이 가장 큰 차이점이다.

그래서 컨설턴트보다 뛰어난 의사소통 능력이 요구된다. 가끔 고객의 이야기를 듣기만 했을 뿐인데 매출을 올리는 톱세일즈맨이 있다. 천재적인 의사소통 기술로 고객을 코칭하는 것이다.

하지만 이런 재능이 없는 사람은 자신만의 방식으로 오랜 시간 꾸준하게 훈련해야 한다. 꾸준하게 연습해야만 천재들에게만 있는 의사소통 기술을 가질 수 있다.

코치에게 요구되는 기술 네 가지

그렇다면 코치에게 요구되는 구체적인 특성과 기술을 설명하겠다. 주로 다음의 네 가지다.

① 뛰어난 공감력

코치에게 요구되는 가장 중요한 기술은 '공감력'이다. 상대의 '현재 감정'을 인지하고 이해하는 기술이다.

내가 신경언어프로그래밍을 수년간 공부하면서 반복적으로 실시했던 훈련은 의뢰인의 시선, 호흡의 리듬, 자세 등을 관찰하는 것이었다.

이 능력은 개인차가 크며, 짧은 시간 안에 익힐 수 없다. 훈련뿐만 아니라 세션 경험을 많이 쌓아야 한다.

정확한 통찰력(관찰 식별)이 없으면 상대방 감정의 변화를 알 수 없다. 이때 몸의 상태나 기분에 따라 생리적 반응은 다르다. 선입견으로 낙인을 찍으면 코칭을 할 수 없다. 그래서 코치에게 요구되는 가장 중요한 기술은 공감력이다.

② 뛰어난 질문력

코치는 조언이나 제안을 하지 않는다. 유도 질문도 하지 않는다. 의뢰인의 상태를 감지하고 적절한 질문을 통해 행동의 변화를 촉구한다. 그래서 뛰어난 질문력이 필요하다. 적절한 타이밍에 의뢰인의 깨달음을 유도하는 질문을 하지 못한다면 코치 일을 할 수 없다.

③ 지식 욕구와 존속성

코칭의 지식체계는 매우 넓다. 심리학, 행동경제학, 뇌과학, 신경언어프로그래밍 이론만 있는 것이 아니다. '인간을 이해'하기 위해서는 항상 지식을 습득해야 한다. 또한 의사처럼 경험을 쌓아야 기술을 갈고닦을 수 있다. 그래서 코치에게는 많은 의뢰인과 다양한 경험을 쌓아가는 꾸준함도 필요하다.

④ 자기 성장 의욕

코치에게도 자기 성장 의욕이 필요하다. 의뢰인과 마찬가지로 항상 새로운 목표를 향해서 다양하게 변신해야 한다.

의뢰인에게 요구되는 적성 네 가지

코치에게 비용을 지불했다고 해서 의뢰인이 되는 것은 아니다. 정확한 코칭을 받기 위해서는 의뢰인으로서의 자질도 필요하다.

① 자기 개선 의욕

자기 성장과 목표 달성을 위한 긍정적인 의욕을 갖는 것이 전제되어야 한다. 그래서 코칭은 의뢰인 본인의 의지로 의뢰해야 한다. 다른 사람의 권유를 받아 결정해도 되지만, 강요에 의해 결정해서는 안 된다.

② 구체적인 목표

의뢰인이 되기 위해서는 명확한 목표나 과제가 있어야 한다. 코칭을 받으려는데 목표나 과제가 없으면 코칭은 성립하지 않는다.

③ 약속

의뢰인은 코칭을 진지하게 받아들이며 시간과 에너지를 투자할 각오를 다져야 한다. 목표 달성을 위해 자신이 계획한 일, 약속한 일은 끝까지 해내는 굳은 마음가짐이 필요하다.

④ 자기 인식력

내가 중요하게 생각하는 것이 자기 인식력이다. 정확하게 자각할 수 있는 겸허함이 없으면 코칭은 원활하게 작동하지 않는다. 컨설턴트와 달리 코치는 알려주지 않는다. 따라서 스스로 깨달아야 한다. 자신의 강점과 약점을 확실하게 인식할 수 있어야 한다.

먼저 '코칭의 3원칙'을 기억하자

이어서 코칭의 3원칙을 기억하자. 이 3원칙을 알기만 해도 코칭기술을 익힐 준비는 끝난다.

① 양방향
② 개별 맞춤
③ 현재진행형

첫 번째로 코칭은 양방향이어야 한다. 질문할 때 무의식중에 이야기가 길어지는 사람은 특히 조심해야 한다. 코치와 의뢰인이 대화 비율은 2 대 8 정도가 적당하다. 코칭을 하지 않더라도 '잘 들어라' '진지하게 경청해라'라고 말하는 시대다. 그런 시대에 상대와 비슷한 비율로 말하는 사람은 코치 일이 맞지 않는다.

두 번째 원칙인 개별 맞춤도 기억해두자. 의뢰인의 입장에서 생각하는 것이 코칭의 절대 조건이다. 티칭에 익숙한 사람은 개별 맞춤의 개념을 이해하지 못한다. 모든 사람에게 조언하는 경향이 있다.

세 번째 원칙은 현재진행형이다. 코칭은 '점'이 아닌 '선'의 지원이다. 운동선수 코치처럼 1년이나 2년의 시간을 함께하는 것이 기본이다.

원래 개별 맞춤하려면 상대를 충분히 이해해야 하는데 그러기 위해서는 많은 시간이 든다. 한 번이나 두 번의 세션으로 '이미 상대에 대해 모든 걸 알고 있다'라고 확신하는 사람은 코칭에 맞지 않는다. 6개월이 지나서야 이제 조금 알 것 같다고 말하는 경우도 있을 정도다(※제목만 봐도 알 수 있듯이 코칭의 특성을 배울 수 있는 최고의 입문서는 비즈니스 코칭의 일인자라 불리는 스즈키 요시유키의 《코칭이 답이다》이다.

📝 목표 달성으로 이끄는 '8단계 목표 설정'을 자세하게 설명한다

코칭은 풍부한 지식과 경험이 필요할 뿐만 아니라 의사소통 기술의 총점이 높지 않으면 실천할 수 없다. 하지만 근무 중에 이 기술을 연습하기는 어렵다. 그래서 여기서는 누구나 사용할 수 있는 유명한 방법을 소개하겠다. 바로 '8단계 목표 설정'이다.

8단계 목표 설정은 신경언어프로그래밍의 유명한 모델이다. 목표(성과)를 달성하기 위한 질문 기법으로 전 세계에서 널리 사용하고 있다. ==여덟 가지 질문을 반복하기만 해도 의뢰인의 머릿속이 정리되며, 목표 달성에 필요한 자원과 행동을 스스로 찾을 수 있다.==

의뢰인은 부하 직원이나 동료, 고객이어도 좋다. 본인이어도 된다(자문자답한다). 다양한 기회를 만들어 연습해보자.

8단계 목표 설정

1	당신의 목표(성과)는 무엇입니까?	이 순서로 질문을 반복한다
2	목표를 달성했는지 어떻게 알 수 있습니까?	
3	목표는 언제, 어디에서, 누구와 만듭니까?	
4	목표를 달성하면 당신의 인간관계나 주변 환경은 어떤 영향을 받습니까?	
5	목표를 달성하기 위해 당신이 이미 가지고 있는 자원은? 부족한 자원은?	
6	현재 목표를 달성하는 데 방해가 되는 것은 무엇입니까?	
7	목표 달성은 당신에게 어떤 의미입니까?	
8	우선 무엇부터 시작하겠습니까? 구체적인 행동계획은?	

① 당신의 목표(성과)는 무엇입니까?

코칭의 목적은 의뢰인의 목표 달성을 위해 행동의 변화를 재촉하는 것. 그래서 가장 먼저 의뢰인이 달성하고 싶은 구체적인 목표를 묻는다.

> **대화 예**
>
> 코치: 당신의 구체적인 목표, 실현하고 싶은 모습을 알려주세요.
>
> 의뢰인: 과장님처럼 주변 사람들로부터 신뢰받는 인재가 되고 싶어요.

② 목표를 달성했는지 어떻게 알 수 있습니까?

목표 달성의 증거를 명확하게 하기 위한 질문이다. 목표를 애매하게 설정하면 구체적인 행동으로 옮기지 못하기 때문이다.

> **대화 예**
>
> 코치: 목표를 달성했을 때 그것을 어떻게 확인할 수 있나요? 구체적으로 알려주세요.
>
> 의뢰인: 아무래도 과장님께 인정을 받게 되면 알 수 있겠죠.
>
> 코치: 과장님에게 인정을 받는다는 것이 무엇인지 조금 더 구체적으로 설명해주세요.
>
> 의뢰인: 최소한 세 명의 후배를 각자 제 몫을 하는 직원으로 키워야 한다고 생각해요.

③ 목표는 언제, 어디에서, 누구와 만듭니까?

이 질문을 하면 목표 달성의 그림이 더 명확해진다. 목표 달성의 구체적인 시기와 장소, 관련된 사람에 대해서 질문한다.

> 대화 예

코치: 이 목표는 언제, 어디에서, 누구와 함께 만드나요?
의뢰인: 5년 후에 이 부서에서 부장님과 과장님의 도움을 받고 싶어요.

④ 목표를 달성하면 당신의 인간관계나 주변 환경은 어떤 영향을 받습니까?

이 질문은 독특하다. 정확한 설명을 듣지 않으면 이해하기 어렵다. 여기에서 말하는 영향은 부정적인 측면을 가리킨다. '목표를 달성했을 때 잃게 되는 것도 있지 않나요?'라고 묻는 것이다.

또한 목표 달성을 향해 가는 과정에서 좋은 일만 있는 것도 아니다. 이것을 언어화하기 위한 질문이다.

> 대화 예

코치: 목표를 달성하면 당신의 인간관계나 주변 환경은 어떤 영향을 받나요?
의뢰인: 과장님에게 리더십이 없다는 지적을 받았기 때문에 새로운 평가를 받게 되겠죠.
코치: 좋은 영향만 있을까요?
의뢰인: 부하 직원은 싫어할지도 모르죠. 저도 아직 제 몫을 다하고 있지 못하기 때문에 함께 성장하고 싶어요.

행동의 변화로 인해 악영향이 나올 때도 있다. 환경의 영향을 정확하게 자각하지 못하면 목표를 달성하기 어렵다. 확인을 위한 중요한 질문이다.

⑤ 목표를 달성하기 위해 당신이 이미 가지고 있는 자원은? 부족한 자원은?

이 질문은 두 가지로 나뉜다. 목표를 달성하기 위해 어떤 자원을 가지고 있으며, 어떤 자원이 부족한가 하는 두 가지다. <mark>10년 이상 8단계 목표 설정을 활용해온 나는, 이 질문을 가장 중요</mark>하게 생각한다.

자신의 강점과 사용 가능한 자원을 재확인함으로써 의뢰인의 자신감을 높일 수 있고, 부족한 자원을 확인해 무엇을 보충해야 하는지 행동계획을 세울 수 있다.

> 대화 예

코치: 목표를 달성하기 위해 당신이 이미 가지고 있는 자원은 무엇인가요?

의뢰인: 회사의 목표를 달성할 능력은 충분하다고 생각해요. 고객과의 관계를 구축하는 속도도 빠르고요.

코치: 목표를 달성하는 데 부족한 자원은 무엇인가요?

의뢰인: 부하 직원을 잘 챙기지 못한다는 점이에요. 제 일만으로도 벅차서 부하 직원을 배려할 여유가 없거든요. 공감력과 경청력도 부족해요.

⑥ 현재 목표를 달성하는 데 방해가 되는 것은 무엇입니까?

이 질문은 매우 높은 수준의 질문인데, 나는 생략하는 경우가 많다. 왜냐하면 의뢰인에게 정확한 의도를 전달하지 못하는 경우가 대부분이기 때문이다. 이것은 신경언어프로그래밍 용어인 '신념(belief)'을 확인하는 질문이다. 머리로는 알고 있지만, 좀처럼 몸이 움직이지 않을 때가 있다. 진짜 원인인 잠재적 의식(신념)을 특정하는 것이 목적이다. 하지만 의뢰인

스스로 그것을 언어화하는 일은 쉽지 않다.

> **대화 예**
>
> 코치: 현재 목표를 달성하는 데 방해가 되는 것은 무엇인가요?
> 의뢰인: 음, 아무래도 자신감이라고 생각해요.
> 코치: 어떤 식으로 자신이 없어요? 구체적으로 알려주세요.
> 의뢰인: 부하 직원을 챙기려다 제 성과가 떨어질까 봐 불안해요. 마음의 여유가 없다 보니 알고 있어도 부하 직원을 배려하지 못하게 되어요.

⑦ 목표 달성은 당신에게 어떤 의미입니까?

이 질문은 매우 이해하기 쉽다. ④와 반대되는 질문이라고 생각해도 좋다. 주변이나 환경에 주는 좋은 영향, 변화도 여기에서 표현된다. 이 질문이 일곱 번째라는 것이 중요하다. 여덟 번째 질문으로 이어가기 위해서라도 이 순서는 큰 의미가 있다.

> **대화 예**
>
> 코치: 목표 달성은 당신에게 어떤 의미인가요?
> 의뢰인: 저의 목표만 달성하기보다 부하 직원과 함께 달성하게 된다면 자신감이 많이 생길 거예요.
> 코치: 주변의 인간관계와 환경에도 영향을 주나요?
> 의뢰인: 아내에게 '당신은 자기중심적이야'라는 말을 자주 들어요. 아무래도 아내의 평가가 달라지겠죠. 물론 상사도요.

⑧ 우선 무엇부터 시작하겠습니까? 구체적인 행동계획은?

이 질문 하나만으로는 아무런 힘을 발휘할 수 없다. 앞의 일곱 가지 질문을 순서대로 했을 때 비로소 큰 역할을 담당한다.

> **대화 예**
>
> 코치: 우선 무엇부터 시작하나요? 구체적인 행동계획을 알려주세요.
> 의뢰인: 우선 과장님께 목표를 선언할 거예요. 그리고 부하 직원과 미팅을 통해 함께 성장하자고 말할 예정이에요.

반복해서 이야기하지만 8단계 목표 설정은 질문하는 순서가 중요하다. 순서를 지키고, 진지하게 여덟 가지 질문을 던진다. 그렇게 하면 의뢰인은 목표 달성을 위한 구체적인 방향을 그려가며 직면한 과제와 필요한 자원에 대해 깊이 있게 생각할 수 있다.

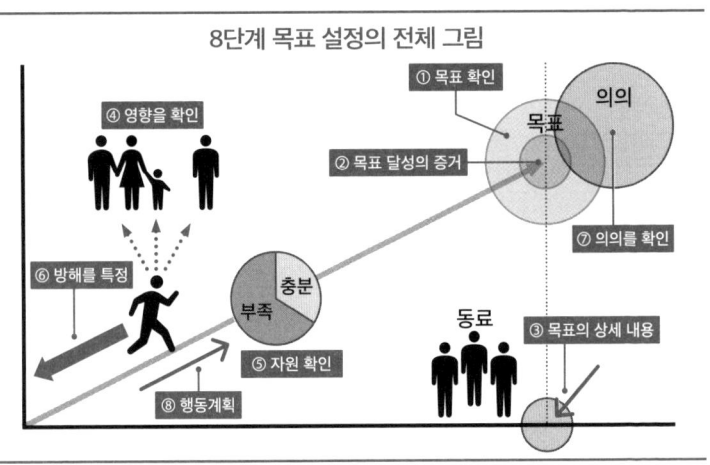

8단계 목표 설정의 전체 그림

📝 8단계 목표 설정을 익히기 위한 나만의 학습법

나는 컨설턴트로서 수많은 경영자와 대화를 거듭하며 그들의 비전을 명확하게 그리는 데 힘써왔다. 특히 미래 사업을 계획할 때는 코칭의 질문법을 구사해 경영자의 진짜 속마음과 목표를 끌어냈다.

이번에는 어떤 사장과 나눈 코칭 세션의 구체적인 사례를 소개하겠다. 한 중소기업 사장이 새로운 사업계획을 세우고 싶다며 상담을 요청해왔다. 현재 사업은 순조롭게 진행되고 있지만 3년 후, 5년 후 회사의 미래를 어떻게 그려야 할지 고민이 된다는 이유에서다. 미래 계획에 정답은 없다. 그래서 나는 8단계 목표 설정을 사용해 질문을 던졌다.

① 목표 설정

먼저 사장에게 '3년 후, 5년 후에 바라는 회사의 모습은 무엇인가요?'라고 질문했다.

사장: 국내시장의 점유율을 확대하고, 해외로도 진출하고 싶어요.

② 목표 달성의 증거

다음 질문은 이렇다. '목표를 달성했을 때 어떻게 확인할 수 있나요?'

사장: 국내 매출 50퍼센트 증가, 해외 진출은 우선 싱가포르 내 매출 10퍼센트 정도를 목표 달성으로 삼고 싶어요.

③ 목표의 상세

이어서 한발 더 들어간 질문을 한다. '그 목표는 언제, 어디서, 누구와 함께 달성하나요?'

사장: 국내와 싱가포르에서의 성공 모두 5년 후로 생각하고 있어요. 싱가포르 시장 개척은 사내에 노하우가 없기 때문에 우수한 직원들을 새로 뽑

아 함께 실현하려고 생각하고 있어요.

④ 영향의 확인

이어서 '그 목표를 달성하면 당신의 인간관계나 주변 환경은 어떻게 변화할 것이라고 생각하나요?'이다.

사장: 전무는 보수적인 성향이어서 확대 노선에 반대하고 있어요. 또한 해외 출장이 잦아질 테니 다섯 살배기 딸을 보지 못하는 날도 늘어나겠죠. 장인어른과 장모님이 반대하실 거예요.

⑤ 자원 확인

목표를 구체화하고 걱정되는 부분을 언어화했다면 다음으로 해야 할 가장 중요한 질문이 남았다. '목표 달성을 위해 당신이 이미 가지고 있는 자원은 무엇이고 부족한 자원은 무엇입니까?'이다.

사장: 충분한 자원은 성공 노하우예요. 신규개발팀도 최선을 다하고 있고요. 부가가치가 뛰어난 상품도 준비되어 있어요. 그런데 부족한 자원도 많아요. 무엇보다 확대 노선에 반대하는 전무를 설득할 수 있는 사람이 없어요. 또한 해외 진출에 대한 노하우가 턱없이 부족해요.

⑥ 장애물을 특정

사장의 진심을 알기 위해 '목표 달성을 방해하는 장애물은 무엇인가요?'라고 묻는다.

사장: 현재 사업은 성공 가도를 달리고 있기 때문에 확대할 필요는 없어요. 그런데도 도전하고 싶은 이유는 무엇일까? 하고 매일 자신에게 질문하고

있어요. 제가 결심을 내리지 못하고 있는 것이 가장 큰 장애물이에요.

⑦ 의의를 확인

이어서 다른 시점에서 질문한다. '그 목표를 달성하는 것이 당신에게 어떤 의미가 있습니까?'라며 목표 달성의 의의를 파헤친다.

사장: 젊은 직원들의 마음을 사로잡는 것. 현상을 유지하는 것도 의미는 있지만, 그것만으로는 젊은 직원들이 성취감을 느끼지 못해요. 그래서는 우수한 인재를 확보하기 어려워요. 큰 도전을 통해 젊은 직원들에게 설렘과 두근거림을 선사하고 싶어요.

⑧ 행동계획

드디어 마지막 질문이다. '우선 무엇부터 시작하겠습니까? 구체적인 행동계획을 알려주세요.'

사장: 반대하는 사람도 있지만, 일단은 뛰어들고 싶어요. 해외 진출을 위해 곧바로 뛰어난 인재를 채용하고 싶어요. 동시에 시장조사를 시작하고 현지 파트너도 찾고 싶어요.

여기까지다. 실제로 이 세션은 세 번 정도 실시했다. ==단 한 번의 세션으로 머릿속을 정리하고 구체적인 해결책이나 계획은 세울 수 없다.==

처음에는 '전무가 반대할 거예요'라고 말했지만 실제로는 적극적으로 동참했고, 의외로 젊은 직원들이 현상 유지를 바라는 등 세션을 거듭할 때마다 사장의 대답이 바뀌었다. 그렇다 하더라도 '잠시 멈춰서 진지하게 생각할 기회'를 갖는 것이 매우 중요하다. '세션을 할 때마다 새로운 발견이 있었어요. 매우 소중한 기회였어요'라는 평가를 받았다. 명확한 해결책을 제시하는 컨설팅과 달리 코칭은 의뢰인 스스로 깨닫게 만드는 것이 목적이다. 코칭의 3원칙 중 하나 '현재진행형'을 의식하며 계속해서 세션을 진행하는 것이 중요하다.

📝 딱 한 가지 조언!

코칭기술을 높이기 위해 항상 의식하는 것이 '틈'이다. 이른바 '침묵'이다. 침묵을 두려워하지 말고 상대를 믿으며 지켜본다.

나는 성격이 급한 편이다. 그래서 세션을 할 때는 이 부분에 신경을 쓴다. 안심할 수 있고 안전한 장소를 만들어서 상대의 속도와 리듬에 맞춰 질문한다.

결코 내 속도와 리듬에 맞춰 질문하지 않는다. 기다림을 즐길 수 있을 정도로 차분한 상태에서 질문을 던진다. 침묵의 시간은 의뢰인에게 생각할 여지를 줄 뿐만 아니라 코치가 의뢰인을 통찰할 수 있는 귀중한 기회이기도 하다.

14 교섭 기술 습득하기

교섭은 준비가 90퍼센트! 기본 테크닉 두 가지

※ 전용성 소질[사람과 관계를 맺는 방법: 사내 대응/사외 대응]

📝 비즈니스를 하는 사람에게 반드시 필요한 '교섭력'

'교섭'이라는 말을 들으면 어떤 장면이 떠오르는가?

비즈니스하는 사람들이 심각한 표정으로 서로의 마음을 떠보는 장면일 수도 있고, 정치인이 국익을 놓고 긴장감 있게 협상하는 장면일지도 모른다. 하지만 실제로는 우리 일상생활에도 깊이 침투해 있다.

값비싼 물건을 구매할 때의 가격 교섭부터 가족과 휴일을 보내는 방법을 결정할 때 나누는 대화까지 우리는 매일 다양한 형태로 교섭하고 있다.

하지만 많은 사람이 알고 있듯이 교섭은 어려운 일이다. 일리 있는 말이라고 해서 반드시 합의에 도달하는 것이 아니며, 충분한 열의를 보였어도 교섭이 결렬되기도 한다.

이번에는 교섭의 기본 이론부터 실천 훈련 방법, 더 나아가 근무 중에 시도할 수 있는 사례까지 자세하게 설명한다.

특히 교섭의 두 가지 기본인 협상 가능 영역(ZOPA)과 최선의 대안(BATNA)에 대해서 초보자도 이해하기 쉽게 설명하겠다.

📝 교섭력을 향상시키는 데 중요한 세 단계

교섭이란 서로 다른 의견이나 이해를 가진 두 사람 이상의 당사자가 합의점을 찾는 의사소통 과정이다. 단순히 자신의 의견을 밀어붙이는 것이 아니라 상대의 입장, 요구, 목적을 이해해 서로에게 가장 좋은 해결책을 찾는 기술이다. 중요한 것은 자신의 이익을 고집하지 않는 것이다.

상대의 입장에서 상황을 생각하며 적절하게 교섭하고 타협한다. 그렇게 하면 서로가 납득할 수 있는 부분을 찾을 수 있다.

가장 중요한 것은 뒤에서 설명할 '준비력'이다. 준비가 미흡하면 교섭에서 이길 수 없다.

우선 교섭에서 중요한 세 단계를 설명하겠다. 기본이므로 이 세 단계를 가장 먼저 기억해두자.

① 정보를 수집한다
② 제안한다
③ 절충안을 찾는다(=양보)

우선 '정보수집'이다. 교섭을 준비하는 단계에서 상대의 상황과 요구사항을 예상하고 사전에 교섭을 시뮬레이션한다(이후에 설명하는 최선의 대안이나 협상 가능 영역 등). 상대의 성격, 가치관 등도 중요한 요소이다. 논리를 전면에 내세울 것인가 아니면 열의를 표시하기 위해 중요 인물을 동석시킬 것인가. 교섭은 논쟁이 아니다. 사전 준비가 모든 것을 결정한다는 생각으로 빠짐없이 정보를 수집하자.

이어서 '제안'이다. 자신의 요구사항과 조건만 전달하는 것이 아니다.

나의 입장도 정확하게 전달한다. 그래야 '모든 것을 털어놓고' 이야기할 수 있다.

마지막 단계는 '양보'다. 상대의 요구사항에 귀를 기울이고, 얼마나 양보할 수 있는지 확인한다. '절충안'을 찾으면 합의에 도달할 수 있다. 서로의 이익을 고려해 타협점을 찾으면 마침내 '교섭이 성립'된다.

📝 여섯 가지 패러다임에서 교섭 성립의 패턴을 생각한다

단, 교섭한다고 해서 서로의 이해관계가 완전히 일치되는 일은 거의 없다. 그래서 서로의 <mark>손해와 득실이 딱 맞아떨어지는 포인트를 찾으려고 해서는 안 된다.</mark> 헛수고로 끝나는 경우가 많기 때문이다.

그래서 '인간관계의 여섯 가지 패러다임'을 기억해, 절충안의 선택지를 먼저 생각한다. 여섯 가지 패러다임이란 다음과 같다.

① Win-Win: 나도 이기고, 상대도 이긴다
② Win-Lose: 나는 이기고, 상대는 진다
③ Lose-Win: 나는 지고, 상대가 이긴다
④ Lose-Lose: 상대가 지고, 나도 진다
⑤ Win: 내가 이기는 것만 생각한다
⑥ Win-Win or No Deal: 둘 다 이기기 어렵다면 교섭하지 않는다

앞에서 말한 대로 이해관계는 완전히 일치할 수 없기 때문에 ① Win-Win: 나도 이기고, 상대도 이긴다는 건 있을 수 없다. 당연히 ⑥ Win-

Win or No Deal: 둘 다 이기기 어렵다면 교섭하지 않을 수도 없다.

또한 처음부터 ⑤ Win: 내가 이기는 것만 생각한다는 속셈을 가지고 상대와 의사소통을 하려 한다면 이것은 교섭이라고 할 수 없다. 왜냐하면 교섭에는 다음의 세 타입밖에 없기 때문이다.

② Win-Lose: 나는 이기고, 상대는 진다
③ Lose-Win: 나는 지고, 상대가 이긴다
④ Lose-Lose: 상대가 지고, 나도 진다

하지만 결과적으로 그렇게 되었다 하더라도 가능하면 ③ Lose-Win: 나는 지고, 상대가 이긴다는 물론이고 ② Win-Lose: 나는 이기고 상대는 지는 것도, ④ Lose-Lose: 상대가 지고 나도 지는 것도 피하고 싶다. 건전한 교섭은 서로가 양보할 때 성립하기 때문에 다음과 같은 내용이 이상적이라고 할 수 있다.

• Lose a little-Lose a little: 내가 조금 지고, 상대도 조금 진다

즉 '완벽한 승리'나 '완벽한 패배'가 아닌 '서로가 조금씩 지는 것'이 현실적인 절충안이다. 이것을 반드시 머릿속에 넣어두고 교섭에 임해야 한다.

✎ 교섭력을 높이는 비결 '협상 가능 영역' 활용의 세 단계

그렇다면 교섭 기술을 높이는 기본 테크닉 두 가지를 소개하겠다. 여기서

말하는 두 가지란 '협상 가능 영역'과 '최선의 대안'이다.

이 두 가지는 세트로 기억하길 바란다. 우선 협상 가능 영역부터 외우자. 그래야 최선의 대안도 이해하기 쉽다.

협상 가능 영역(Zone Of Possible Agreement, ZOPA)이란 **서로의 요구사항이 겹치는 범위를 가리키며, 교섭에서 합의 가능한 범위**를 말한다.

가격 교섭으로 예를 들면 이해하기 쉽다.

판매자는 120만 엔에 팔고 싶다. 가격을 낮추더라도 원가를 생각하면 100만 엔이 마지노선이다.

100만 엔에 팔면 이익은 0이지만, 재고를 생각하면 쌓아두는 것보다 낫다.

한편 구매자는 95만 엔에 사고 싶다. 아무리 비싸도 110만 엔 이상은 지불할 수 없다(기본적으로 이 생각을 사전에 알 수는 없다).

즉 겹치는 부분이 '서로의 협상 가능 영역'이므로 '110만 엔~100만 엔'으로 교섭하게 된다.

그렇다면 협상 가능 영역을 어떻게 명확하게 하고, 교섭에서 활용할 것인가. 이 세 단계를 설명하겠다.

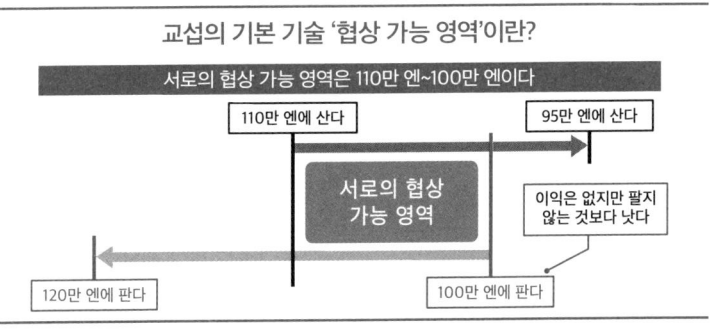

① 자신의 희망과 한계를 명확하게 한다

우선 자신의 희망 조건과 최소한 받아들일 수 있는 한계 조건을 명확하게 한다. 교섭 상대에게 '그렇다면 어떤 조건이라면 받아들이실 건가요?'라는 질문을 받은 후에 생각해서는 안 된다. 미리 준비하는 것이 교섭의 철칙이다.

이벤트 기획으로 예를 들겠다. 부장에게서 이벤트 개최를 통해 고객을 모으라는 지시가 떨어졌다. 하지만 모든 조건을 전부 수용할 수는 없다. 이때 어떻게 교섭할 것인가? 유리한 조건을 가져오기 위해서는 어떻게 해야 할까? 사전에 목록을 작성해두는 것이 좋다.

나의 희망 조건

- 모객 기간은 4개월 이상
- 모객 목표는 100명
- 모객 대상은 과장급 이상
- 이벤트 비용은 200만 엔

나의 한계 조건

- 모객 기간은 3개월
- 모객 목표는 100명
- 모객 대상은 부장급 이상
- 이벤트 비용은 150만 엔

이렇게 정해두면 '올가을에 실시할 예정인 이벤트를 자네에게 맡기겠

네'라는 부장의 지시를 받았을 때 '업무를 맡을 수는 있습니다만 대신 조건이 있습니다'라며 교섭할 수 있다.

'그만큼의 비용은 지출할 수 없네. 100만 엔이 한계야'라거나 '모객 대상은 경영인. 100명을 모아주게'라는 조건을 들으면 교섭은 결렬이다.

"그런 조건이라면 거절하겠습니다"라고 정확하게 말한다.

한계 조건도 만족시키지 못했기 때문이다. 이처럼 사전에 교섭 범위를 명확하게 해두는 것이 매우 중요하다. 그래야 교섭할 때의 망설임이 사라진다.

② 상대의 희망과 한계를 추측하기

이어서 상대의 희망 조건과 한계 조건을 예상한다. 상대의 입장이나 배경정보를 수집해 어느 정도 교섭이 가능한지 가설을 세운다. 자신이 제안한 조건이 받아들여질지를 예상하는 데 매우 도움이 된다. 사전에 예상해 교섭 상대의 조건도 목록으로 작성해둔다.

> **사장의 희망 조건**
> - 모객 기간은 3개월 이내(여름에 다른 이벤트가 있기 때문)
> - 모객 목표는 100명
> - 모객 대상은 부장급 이상
> - 이벤트 비용은 100만 엔

> **사장의 한계 조건**
> - 모객 기간은 4개월

- 모객 목표는 100명
- 모객 대상은 부장급 이상
- 이벤트 비용은 200만 엔

이렇게 교섭 상대의 희망과 한계를 추측하면 현실적인 교섭 범위를 찾기 쉽다.

③ 서로의 협상 가능 영역을 찾는다

자신과 상대의 희망 조건과 한계 조건을 목록으로 작성했다면, 서로 희망이 겹치는 범위(협상 가능 영역)를 찾아보자. 사전에 협상 가능 영역을 정의해두면 교섭하기 전부터 현실적인 합의점을 찾기 쉽다.

"상대가 어떻게 나올지 모르니까 일단 저지르고 보자!"

이런 식으로 준비 없이 교섭해서는 유리한 조건을 끌어낼 수 없다.

교섭 결렬을 피하는 '최선의 대안' 활용 단계 네 가지

기본 테크닉의 두 번째가 최선의 대안이다. 협상 가능 영역과 함께 생각하면 교섭력이 크게 향상된다.

최선의 대안(Best Alternative to a Negotiated Agreement, BATNA)이란 교섭이 결렬되었을 때 선택할 수 있는 최선의 대안을 말한다. 교섭력을 높이는 중요한 개념이다.

다시 한번 가격 교섭을 예로 생각해보자. 판매자는 120만 엔에 팔고 싶다. 가격을 낮춘다면 110만 엔이 마지노선이다.

왜냐하면 110만 엔에 구매할 다른 고객을 찾았기 때문이다. 그 이상 할인해줄 필요는 없다. 이때 '다른 고객에게 110만 엔에 판다'라는 선택지가 판매자에게 최선의 대안이다.

한편 구매자는 95만 엔에 사고 싶다. 아무리 비싸도 100만 엔이 한계다. 왜냐하면 100만 엔에 살 수 있는 곳을 알고 있기 때문이다. 무리하면서까지 100만 엔보다 비싸게 살 이유가 없다. 이것이 구매자에게 최선의 대안이다.

최선의 대안을 생각하면 협상 가능 영역을 설정하는 데 도움이 된다. 대안이 없으면 교섭 상대가 유리해질 수밖에 없다. 1엔에라도 파는 것이 좋다고 생각하게 된다.

이제 최선의 대안을 효과적으로 이해하고 활용하기 위한 단계 네 가지를 소개하겠다.

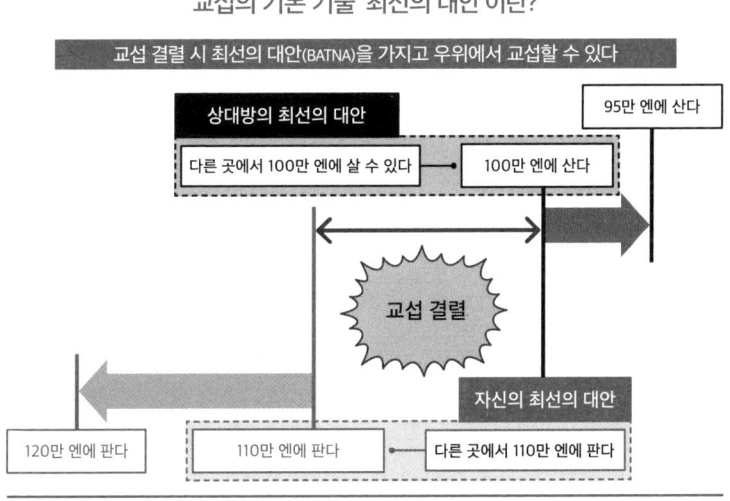

교섭의 기본 기술 '최선의 대안'이란?

① 내 최선의 대안을 결정한다

우선 나의 교섭이 성립하지 않았을 때 쓸 수 있는 최선의 대안을 준비한다. 현실적이면서도 구체적인 대안을 목록으로 작성해야 한다. '계약 교섭'이라고 생각해보자. 나의 희망 조건이 다음과 같다고 하자.

- 연봉 500만 엔
- 주 5일 근무
- 주 4회 이상은 재택근무 가능
- 성과급은 이익의 10퍼센트 이상

그런데,

- 연봉 500만 엔
- 주 5일 근무
- 주 2회 이상은 재택근무 가능
- 성과급은 이익의 5퍼센트 이상

이라는 다른 회사의 후보군이 있다. 이것이 최선의 대안이다. 최선의 대안이 있으면 조건이 맞지 않을 때 교섭을 멈추는 결정을 내릴 수 있다.

② 상대의 최선의 대안을 예상한다

나의 최선의 대안을 정했다면 다음은 교섭 상대의 최선의 대안도 예상해보자. 상대가 교섭을 중단했을 때 어떤 선택을 할 것인지 가설을 세운다.

"연봉 500만 엔에 사무실 근무. 성과급은 지급하지 않아도 되는 다른 후보자를 선택한다."

만약 이렇게 예상했다면 교섭 전략을 다시 짜야 한다. 교섭 상대와 어떻게 해서든 계약하고 싶다면 조건을 바꿔야 하기 때문이다.

③ 내 최선의 대안을 강화한다

나의 최선의 대안을 강화하는 것도 중요한 단계다. 예를 들어,

- 연봉 500만 엔
- 주 5일 근무
- 주 2회 이상은 재택근무 가능
- 성과급은 이익의 5퍼센트 이상

을 요구하는 다른 후보가 아닌

- 연봉 550만 엔
- 주 5일 근무
- 주 4회 이상은 재택근무 가능
- 성과급은 이익의 5퍼센트 이상

이라는 후보를 찾으면 더욱 우위에서 교섭할 수 있기 때문이다.

④ 교섭의 범위도 준비한다

물론 자신이 원하는 조건만 일방적으로 밀어붙여도 되는지 신중하게 고민해야 한다. 'Win-Lose'의 교섭은 건전하지 못하다.

상대가 양보하면 나도 양보한다. 다만 얼마나 양보할지는 미리 준비해야 한다. 임기응변식으로 교섭하면 과도하게 양보해 나중에 후회하게 되는 경우도 많다.

가장 나쁜 방법은 현실을 반영하지 않은 최선의 대안을 정하는 것이다. **"만약 이 조건이 안 되면 다른 곳을 알아보겠습니다"**라고 말했더니 **"다른 곳이요? 다른 곳이 있으세요?"**라고 간파당한다.

유리한 조건을 끌어내기 위한 '허세'를 간파당하는 순간 상대는 조금의 양보도 하지 않게 된다. 교섭이 성립하지도 않는다.

최선의 대안은 교섭의 기본 테크닉이다. 조직 내에서 합의해야 할 때나 고객과 거래조건을 교섭할 때도 사용한다. 교섭력이 크게 향상되므로 준비 단계에서부터 최선의 대안을 확실하게 준비하자.

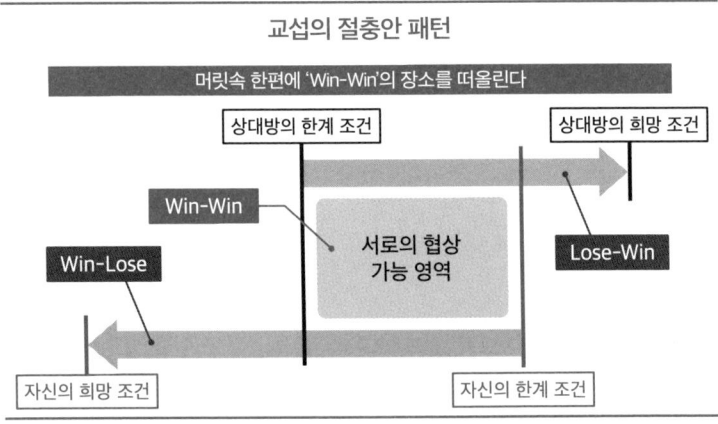

📝 근무 중에 '교섭 습관'을 익힐 기회 세 가지

반복해서 말하지만, 사전 준비가 교섭의 90퍼센트를 결정한다. 역할 연기(Role Playing)를 통해 훈련하는 방법도 좋지만, 교섭은 논쟁이 아니다. 사전에 확실하게 정보를 수집하고 협상 가능 영역과 최선의 대안을 생각해서 가설을 세우는 것이 선행되어야 한다.

그리고 교섭은 '배우는 것보다 익숙해져야 하는 것'이다. 근무 중에 어떻게 교섭 습관을 익힐 것인지가 기술 향상의 핵심이다.

일반적으로 교섭이라고 하면 다음 장면을 떠올릴 것이다.

- 계약 교섭
- 가격 교섭
- 연봉 교섭

인수합병(M&A) 세계에서는 '적대적 교섭'이라는 냉엄한 교섭도 있다. 하지만 우리 주변에는 대형 안건을 다루는 영업이 아닌 이상 그 정도로 본격적인 교섭은 없다.

그러므로 익숙해지기 위해서는 평상시 업무를 통해 교섭의 기회를 찾아 익숙하게 만들어야 한다.

여기서는 교섭의 기회로 살릴 수 있는 비즈니스 사례를 세 가지 소개하겠다. '절충안' '타협점'을 찾기 위한 훈련이라고 생각하며 시도해보길 바란다.

① 야근을 떠맡는 경우

우선 평소에 자주 접할 수 있는 일이 야근을 떠맡게 되는 경우다. 아무 조건 없이 야근을 자주 떠맡게 되면, 지시하는 사람도 '야근을 시켜도 되는 사람'이라고 생각하게 된다. 경우에 따라서는 교섭을 해야 한다(기존 업무에서 벗어난 일을 맡게 되는 경우도 마찬가지다).

예를 들면 사전에 협상 가능 영역을 정해둔다.

- 야근은 18~20시까지. 아무리 늦어도 20시 30분까지
- 전시회 참가자 목록 70건 작성까지만. 조금 더 하게 된다면 팔로우 목록 추출까지만

이렇게 범위를 정해두면 '하는 김에 이것까지 부탁해요'라는 말을 듣지 않게 된다.

② 휴가를 요청하는 경우

이어서 휴가를 요청하는 경우다. '당연한 권리'로 신청하기만 해도 휴가를 갈 수 있는 직장이라면 좋겠지만 그렇지 않은 곳도 있다. 이럴 때 협상 가능 영역을 정해두면 좋다.

- 하루 휴가를 쓰고 싶다. 하루가 안 된다면 오후 2시까지만 쉬어도 좋다

당일 업무는 어떻게 할 것인가? 미리 끝낼 수 있을까? 누구에게 맡길

것인가? 꼼꼼하게 준비해두면 상사의 허락을 받기 쉬워진다.

③ 개선안을 제출하는 경우

마지막으로 업무 개선을 제안하는 경우다. 휴가 신청 교섭과는 차원이 다르다. 오랜 시간이 소요되는 교섭이기 때문에 철저한 준비가 필요하다.

예를 들어 업무 효율화에 필요한 새로운 소프트웨어 도입을 제안하는 경우를 생각해보자. 도입 비용뿐만 아니라 도입에 걸리는 노력과 시간 비용까지 발생한다.

"이 소프트웨어를 도입하면 업무 효율이 올라간다는 사실은 알고 있어요. 하지만 비용이 지나치게 많이 든다는 느낌이 드네요. 해결해야 할 다른 문제들도 있고 아직은 시기상조이지 않을까요."

임원들이 난색을 보일 가능성이 크다. 그렇기 때문에 회사의 상황과 결재권을 가지고 있는 사람들의 생각을 미리 알아본 후 최선의 대안이나 협상 가능 영역을 활용해 준비한다. 3명 혹은 4명이 대책을 세우고, 철저하게 준비해서 진행한다. 예를 들어,

- 교섭이 결렬되면 인사팀과 담판해 사람을 충원해달라고 요청한다
- 신규 직원을 채용하기 전까지는 월평균 30시간의 초과근무는 인정해줄 것을 요구한다

이렇게 최선의 대안을 준비해두면 우위에서 교섭할 수 있다. 이러한 교섭 카드를 실제로 사용할 것인지, 말 것인지는 별도의 문제다. 다만 절충안을 발견하는 귀중한 훈련이 되는 것은 틀림없다.

📝 교섭력을 익히기 위한 나만의 학습법

마지막으로 내가 교섭력을 활용한 사례를 소개하겠다. 바로 '상충관계(trade-off)'가 발생했을 때이다. 상충관계란 양립할 수 없는 관계성을 말한다. 예를 들면 일반적으로 다음의 상황은 양립할 수 없다.

- **가격이 저렴하다 & 품질이 좋다**

두 가지는 상충관계이므로 가격을 저렴하게 하고 싶으면 품질이 떨어질 수밖에 없고, 품질을 타협할 수 없다면 가격이 비싸질 수밖에 없다.
'월등하게 저렴하면서도 최고의 품질인 제품이 갖고 싶다'라는 요청은 현실적으로 실현할 수 없다. 나 같은 컨설턴트에게는 품질과 납기일의 상충관계가 많다.

- **납기일이 짧다 & 품질이 좋다**

이것도 양립하기 어렵다. 어느 정도 수준의 품질을 맞춰야 한다면 '시간을 조금 더 주셔야 합니다'라고 말할 수밖에 없다. '그래도 어떻게 좀 빨리…'라는 말을 들어도 안 되는 것은 안 된다. 상충관계이기 때문이다.
지금부터는 내가 실제로 겪었던 사례다. 고객의 판매 데이터를 분석한 후 결과를 납품하는 업무를 담당했던 때의 일이다. 고객이 급하게 납기일을 앞당겨달라고 요청해왔다.
컨설턴트로서 품질을 최우선으로 생각했다. 그래서 납기일 변경 요청은 받아들일 수 없었다. 그런데 '사장님께서 무조건 앞당기라고 하세요.

제발 좀 부탁드릴게요'라는 말을 듣고 '죄송하지만 그렇게는 할 수 없습니다'라는 말로 상황을 끝낼 수 없었다.

이때 품질과 납기 중 무엇을 우선할 것인지 생각한 다음 교섭을 진행했다. 이런 교섭에서 도움이 되는 것은 역시 협상 가능 영역이다. ==희망 조건과 한계 조건을 명확하게 정하는 것이다.==

품질을 ABC로 순위를 매겨 희망은 A 순위, 한계는 B 순위. C 순위는 거절로 정한다. 납기일은 ABC 순위에 따라 당연히 바뀐다. 상대의 협상 가능 영역을 예상해 품질과 납기일의 조합을 제시하며 교섭을 진행한다.

이렇게 가격과 품질, 납기일과 품질은 상충관계가 되기 쉽다. 그 외에도 양과 질, 가격과 효과 등 타협점을 찾아야만 하는 조합이 여럿 있다. 실제로 컨설턴트가 제시하는 '최선의 제안'은 거의 채택되지 않는다.

"그만큼의 시간을 들일 수 없습니다."

"그 정도의 인원을 프로젝트에 참여시키기는 어렵습니다."

이런 말을 들었다면 어디쯤이 절충안인지 생각한다. 최선책만 생각해서는 일을 진행할 수 없다.

📝 딱 한 가지 조언!

교섭에서 상충관계를 생각할 때는 우선순위를 명확하게 정한다. 컨설턴트가 '품질은 낮출 수 없습니다'라며 강력히 주장해도 고객의 우선순위가 납기일이라면 납기일에서 타협안을 찾아야 한다.

납기일을 어디까지 양보할 것인가. ==한계 조건을 예상한 후 품질과의 조합을 생각한다.== 끝까지 양보할 수 없다고 주장하면 유연성 없는 사람이 된다. '양보에 대한 보답'을 기대할 수 없어 교섭은 불발로 끝난다.

  그래서 평상시부터 부지런히 정보를 수집해야 한다. 상대의 요구, 가치관을 이해해야 균형 잡힌 타협점을 찾기 쉽다.

15 관리 기술 습득하기

프로젝트로 관리 기술을 갈고닦자!

※ 전용성 소질[사람과 관계를 맺는 방법: 부하 직원 관리]

📝 앞으로의 시대에 가장 필요한 기술

앞으로의 시대에 가장 필요한 기술을 한 가지 꼽으라고 한다면 나는 망설임 없이 '관리 기술'이라고 답할 것이다. 그만큼 수요가 있는 기술이다.

그리고 <mark>관리 기술을 익히려면 흔히 접할 수 있는 '관리 교육 프로그램'을 수강할 것이 아니라 '프로젝트관리'를 공부해야 한다.</mark> 왜냐하면 일반적으로 관리(Management)라는 표현에는 부하 직원 육성이나 팀 구축 등 폭넓은 범위의 의미가 내포되어 있기 때문이다. 그래서 '감사' '인정' '동기 부여' 같은 대인관계까지 생각해야 한다.

그런 점에서 프로젝트관리는 구체적인 목표를 위해 계획을 세우고 실행하며, 성과를 올리는 과정을 통해 관리의 본질을 배울 수 있다. 프로젝트관리를 통해 경력 사원이 아니어도 배움을 통해 기술을 얻을 수 있다.

이번에는 프로젝트관리 기법으로 대표되는 'PMBOK'를 사용해 실제 업무에서 관리 기술을 갈고닦는 훈련 방법을 소개한다.

📝 국제적 표준 관리 기법 'PMBOK'

곧바로 PMBOK(Project Management Body of Knowledge)를 설명하겠다. PMBOK란 프로젝트관리의 지식을 체계적으로 정리한 가이드라인이다. 국제적 표준 관리 기법으로 폭넓게 활용하고 있으며 자격증도 존재한다. 시스템 구축과 관련된 일을 하는 사람이라면 모르는 사람이 없을 정도다.

프로젝트관리의 기초를 배울 때도 일단은 PMBOK에서 사용하는 주요 용어를 기억해두자. 외워야 할 용어는 다음 두 가지면 충분하다.

① 열 개의 지식 영역
② 다섯 가지 프로세스 그룹

📝 PMBOK 열 개의 지식 영역이란?

먼저 '열 개의 지식 영역'을 외워두자. 경험이 없는 사람이라도 관리 업무를 담당할 때 다음 내용 정도는 고려한다.

• 원가　• 품질　• 자원　• 의사소통　• 일정

그런데 내가 PMBOK가 유용하다고 생각하는 이유는, 추가로 다음 네 가지 요소까지 의식할 수 있기 때문이다.

• 범위　• 조달　• 위험　• 이해관계자

관리 기술이 없는 사람은 특히 '범위' '이해관계자'에 대한 생각이 부족하다. 그래서 이 포인트를 확실하게 기억해두었다가 정확하고 효과적으로 관리할 수 있게 노력해야 한다.

① 통합관리
② 범위관리
③ 일정관리
④ 원가관리
⑤ 품질관리
⑥ 자원관리
⑦ 의사소통 관리
⑧ 위험관리
⑨ 조달관리
⑩ 이해관계자 관리

지금부터는 각각의 지식 영역에 대해서 소개하겠다.

① 통합관리

프로젝트 전체의 조율과 통합을 실행하는 것이 통합관리다. 프로젝트 전체의 큰 그림을 확인하는 데 매우 의미 있는 영역이다. 프로젝트 진행 시 각각의 요소가 원활하게 돌아갈 수 있도록 정기적으로 전체를 확인하는 것이 중요하다.

② 범위관리

스코프(Scope)는 범위를 의미한다. 일반적으로 '목표' '결승점' '주요목표달성지표(KGI)'라고 표현하는데 PMBOK에서는 범위를 사용한다. 이 개념 덕분에 프로젝트의 목표와 성과물의 범위를 정확하게 정의할 수 있다. 프로젝트 진행 중에 가끔 범위가 변경될 때가 있는데 프로젝트에 참여하는 인원은 물론이고 이해관계자에게서 인식의 차이가 발생하지 않도록 공유하는 것이 중요하다.

(예)

조직의 구성원 8명의 초과근무시간을 4개월 이내에 '월평균 20시간'으로 줄이는 것이 목표다. 하지만 초과근무시간 삭감 프로젝트 진행 중에 예상 밖의 사실이 드러났다. 팀원 중 3명이 기한을 2개월 연장으로 변경한 것이다. 이처럼 변경된 부분을 확실하게 관리하는 것이 관리의 품질을 높이는 과정에서 매우 중요하다.

③ 일정관리

일정관리란 프로젝트의 작업별 진척 상황을 관리하는 것이다. 사용하는 도구로는 작업 분류 체계(WBS)나 칸트 차트(작업별 공정표)가 일반적이다.

④ 원가관리

원가관리란 프로젝트의 예산을 계획하고 경비를 관리하는 것이다. 예산안에서 프로젝트를 완료하기 위한 매우 중요한 관리다.

⑤ 품질관리

품질관리란 프로젝트의 성과물이 품질기준을 만족시키는지를 관리하는 것이다. 관리를 위해서라도 이해관계자가 기대하는 품질기준을 문서로 남기는 작업이다.

⑥ 자원관리

자원관리란 프로젝트에 필요한 인적자원, 설비, 디지털 기술 등을 관리하는 것이다. 나는 '기술'과 '의식'도 자원으로 생각해, 프로젝트 팀원을 구성하는 단계에서부터 매우 중요하게 생각하고 있다.

⑦ 의사소통 관리

의사소통 관리란 프로젝트 관련 정보를 적절하게 전달하고 있는지를 관리하는 것이다. 이 관리는 매우 중요하다.

프로젝트를 진행할 때 누가, 무엇을, 어느 시기에 전달할 것인지, 어떤 프로그램에 입력하고 그 입력항목을 누가 확인할 것인지, 이 '보고체계'를 정확하게 정해두지 않으면 프로젝트의 품질과 생산성이 크게 떨어진다.

⑧ 위험관리

위험관리란 프로젝트의 위험을 특정하고, 적절한 시기에 대응책을 마련하는 것이다. 도중에 예상하지 못했던 위기가 발생했을 때는 팀원뿐만 아니라 이해관계자와 함께 대응하는 방법까지 시야에 넣어두어야 한다.

⑨ 조달관리

조달관리는 프로젝트에 필요한 자원을 사내외에서 조달하는 경우에 필요하다. 누가 조달하고 선정하며 관리할 것인가. 예를 들어 외부 인적자원을 활용한다면 해당 계약에 관한 절차도 진행해야 한다.

⑩ 이해관계자 관리

이해관계자 관리란 프로젝트에 영향을 미치는 관계자의 기대를 관리하는 것이며 필요에 따라 관여도 타진한다. 다시 한번 말하는데 매우 중요한 부분이다.

사내라면 경영자나 비용을 부담하는 부문장. 협력업체나 고객사의 임원일 때도 있다. 생각만 할 것이 아니라 구체적으로 관리해야 한다.

📝 PMBOK의 다섯 가지 프로세스 그룹이란?

이어서 '다섯 가지 프로세스 그룹'을 소개하겠다. 지금까지 소개한 열 개의 지식 영역을 머릿속에 떠올리면서 읽어보길 바란다.

① 착수
② 계획
③ 실행
④ 감시·통제
⑤ 종료

많은 사람이 알고 있는 것이 'PDCA 사이클'이다. 계획(Plan), 실행(Do), 측정·평가(Check), 대책·개선(Action). 이 네 가지 프로세스를 순환시켜 목표에 다가간다는 사고방식의 관리 기법이다.

한편 **PMBOK의 다섯 가지 프로세스는 PDCA 사이클과 달리 명확하게 '시작'과 '끝'이 존재한다.**

'순환(사이클)'이 아니라는 점에 주목하길 바란다. 이 프로젝트는 언제 시작해서 언제 끝이 나는가. 기업 내의 대규모 TF팀뿐만 아니라 직장의 조직 개혁 프로젝트에서도 사용한다. 회사 워크숍, 신입 사원 환영회 같은 프로젝트에도 이 기술을 사용한다. 모든 프로젝트에서 공통적으로 볼 수 있는 것이 시작과 끝이 있다는 점이다. 이러한 특징을 머릿속에 넣어두고 다섯 가지 프로세스 그룹을 기억하길 바란다.

① 착수 프로세스

착수 프로세스는 프로젝트를 정식으로 시작하기 위한 프로세스다. **이 프로세스에서는 프로젝트의 목적과 범위를 명확하게 하고 주요 이해관계자를 특정한다.**

착수 프로세스를 명확하게 해두면 프로젝트의 방향성이 바르게 설정되어 원활한 진행이 가능하다. 반대로 이 프로세스를 소홀히 하면 도중에 몇 번이고 프로젝트의 방향성이 흔들린다.

② 계획 프로세스

계획 프로세스는 프로젝트의 전체 계획을 상세하게 작성하는 프로세스다. 여기에서는 범위, 일정, 원가, 품질, 자원, 위험, 조달, 의사소통 등 프로젝트의 각 요소를 포괄적으로 계획한다(열 개의 지식 영역 참조).

<u>프로젝트관리 전체뿐만 아니라 개별 관리 계획서(범위관리 계획서, 자원관리 계획서 등)까지 있으면 좋다.</u> 이때 정교한 계획을 세우지 않는 것이 중요하다. 요소별 계획을 대략적으로 만들기만 해도 프로젝트 진행 중에 발생하는 문제를 사전에 방지할 수 있다. 어깨에 힘을 빼고 '가늘고 길게'라고 생각해도 좋으니까 각각의 계획을 만들어보자.

③ 실행 프로세스

실행 프로세스는 계획대로 실행하는 프로세스다. 중요한 것은 반드시 계획대로 끝까지 할 것. <u>끝까지 했을 때 정확한 프로젝트의 진척 관리가 가능하다.</u>

프로젝트를 계획해도 실행으로 옮기지 못한다. 실행해도 중간에 포기한다. 이런 문화가 박힌 조직이 많다. 하지만 대부분의 문제는 실행 프로세스가 아닌 착수 프로세스와 계획 프로세스에 있다는 것을 명심해야 한다. 이 두 가지 프로세스만 확실히 수행하면 '끝까지 해내기'에만 집중할 수 있다.

④ 감시·통제 프로세스

감시·통제 프로세스는 프로젝트의 진척과 성과를 감시하고 필요에 따라 수정하는 프로세스다. PDCA 사이클에 비유하면 'DCA' 부분이다.

감시·통제의 대상은 범위, 일정, 원가, 품질, 위험 등이며, 진척 정도에 따라 성과가 기대에 못 미치면 프로젝트의 궤도를 수정한다. <u>이 프로세스 역시 '착수 & 계획'의 두 프로세스를 확실하게 수행했느냐가 중요한</u>

열쇠다.

⑤ 종료 프로세스

종료 프로세스는 문자 그대로 프로젝트를 정식으로 종료하는 프로세스다. 이해관계자에게 프로젝트의 성과물을 전달한 후에 프로젝트의 평가가 진행된다. 종료 프로세스를 확실하게 해야 프로젝트의 성과가 확정된다.

반대로 이 프로세스를 모호하게 진행하면 도중에 중단된 상태가 된다. 실패/성공과 관계없이 확실하게 마무리하는 것이 관리의 책무다.

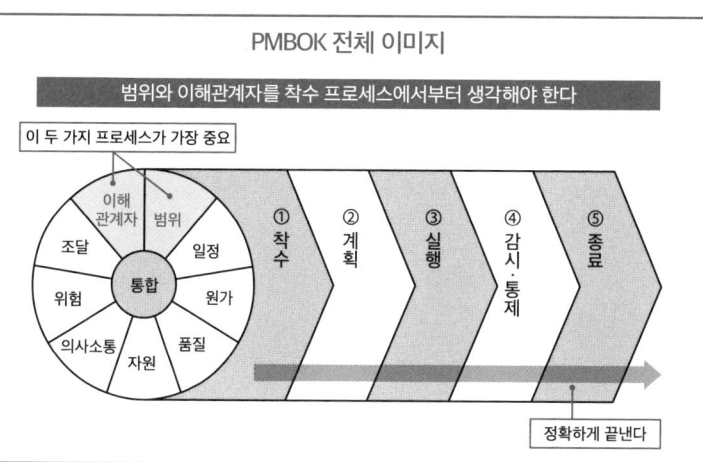

📝 프로젝트관리를 갈고닦는 포인트

PMBOK의 기초 지식인 열 개의 지식 영역과 다섯 가지 프로세스 그룹을 소개했다. 익숙하지 않은 사람은 어렵게 느껴질 수도 있다. 하지만 그렇게 어렵게 느낄 필요는 없다. 모든 지식을 사용하지 않아도 되기 때문이다.

이어서 근무 중에 프로젝트관리 기술을 갈고닦으려면 어떻게 해야 하는지, 포인트 세 가지를 소개하겠다.

① 정확하게 착수하고 빠르게 계획을 세운다

프로젝트의 성공은 시작인 두 가지 프로세스(착수 프로세스 & 계획 프로세스)에서 거의 결정된다고 해도 과언이 아니다. 시작이 핵심이다. 정교하고 치밀한 계획을 세우지 않아도 된다. 대략적이어도 좋으니까 가늘고 길게 그리고 빠르게 계획을 세운다.

내가 특히 신경을 쓰는 부분은 범위와 이해관계자 관리다. 이 부분이 잘못되면 관리자가 아무리 노력해도 기대한 만큼 프로젝트를 진행하지 못하는 경우가 많다.

② 활발한 의사소통으로 투명성을 지킨다

프로젝트관리에서는 팀원 간의 원활한 의사소통이 중요하다. 그러기 위해서는 효과적인 도구를 사용해 의사소통 관리에 힘을 쏟아야 한다.

일부 팀원에게만 정보가 전달되었다든가, 공유되어야 할 정보가 어디에 있는지 모르면 원활한 의사소통이 불가능하다.

관리자 본인만 알고 있으면 된다고 생각해서는 안 된다. 프로젝트의 진척 상황과 이해관계자가 걱정하고 있는 부분, 예상하지 못한 위험에 대해서 적극적으로 공유해야 한다.

메일뿐만 아니라 비즈니스용 라인(LINE), 슬랙(Slack), 마이크로소프트

팀즈(Microsoft Teams) 등 편리한 메신저를 활용해 실시간으로 정보를 공유하는 환경을 갖추는 것도 중요하다.

③ 이해관계자 관리의 기술을 갈고닦다

이해관계자 관리는 프로젝트의 성공과 직결되는 중요한 기술이다. 프로젝트관리가 아직 익숙하지 않은 사람은 특히 신경을 써야 하는 부분이다.

먼저 이해관계자를 철저하게 식별한다. 프로젝트에 영향을 미치는 모든 관계자를 목록으로 작성해 각각의 역할과 관심사를 명확하게 해야 한다. 요령이 있는 사람은 이러한 식별을 무의식중에도 할 수 있다. 하지만 그렇지 않은 사람은 노트에 목록을 작성해 관리하는 것이 좋다.

평소에 소통하지 않으면 의식의 차이는 점점 더 벌어진다. 이 차이가 돌이킬 수 없는 문제를 일으키는 경우도 많다. 정기적인 미팅과 보고를 통해 이해관계자와 밀접하게 정보 공유를 진행하자.

또한 피드백을 적극적으로 요청하는 것도 중요하다. 이해관계자의 의견을 프로젝트에 반영하는 것도 좋다. 신뢰 관계를 쌓을 수 있으며 불필요한 충돌도 피할 수 있다.

📝 프로젝트관리를 익히기 위한 나만의 학습법

마지막으로 내가 관리 기술을 높이기 위해 하고 있는 방법을 소개하겠다. SNS을 활용한 마케팅활동을 진행할 때 PMBOK의 지식을 최대한 활용한다.

이때 주의해야 할 다섯 가지를 포인트를 소개한다.

① 목적과 목표를 명확하게 한다

처음에는 역시 범위와 이해관계자를 명확하게 한다. 자기만족을 가져다주는 마케팅활동이 되어서는 안 되기 때문에 목적과 목표를 확실하게 정한다.

목적은 신규 예상 고객의 개척. 목표는 월간 150건 이상으로 정했다(시작했을 당시에는 월간 100건을 밑돌았다).

이해관계자는 예상 고객을 팔로우하는 컨설턴트 전원이다. 컨설턴트의 요청을 반영해 예상 고객의 속성과 목표 숫자를 상세하게 결정한다.

② 범위의 정의와 관리

목적과 목표를 정하면 범위도 대략 정해진다. 당시에는 엑스(구 트위터)의 팔로워 수가 늘어난 상태였기 때문에 엑스에서 유튜브로 유도해 유튜브의 조회수를 늘려 자료 다운로드 수를 높이는 것을 목표로 결정했다.

이처럼 범위를 한정하면 어떤 자원을 투입해야 하는지 알 수 있다. 프로젝트 팀원으로는 어떤 사람이 적합한가, 부족한 자원은 어디에서 조달할 것인가 등이다.

③ 자원의 적절한 배분

프로젝트가 시작되었다. 면밀한 계획을 세웠으나 내 엑스 계정의 팔로워 수는 좀처럼 늘지 않았다. 팔로워 수가 늘어도 예상 고객 개척으로 이어지지 않으면 아무 소용이 없기 때문에 프로젝트는 일찌감치 좌절될 뻔했다.

그래서 엑스 마케팅을 전문으로 하는 컨설턴트를 섭외했다. 그리고 3개월 동안은 세미나 등을 모두 중지하고 SNS에 주력했다. 웹마케팅을 잘하는 팀원과 함께 자료를 다운로드 받을 수 있는 사이트로 유도해가며 계속 개선해갔다.

④ 감시와 조절

그래프를 보면 알 수 있듯이 처음 몇 달간은 아무런 성과가 없었다. 하지만 조회수와 참여도의 데이터를 꾸준히 분석하자 어느 달부터 갑자기 팔로워 수가 급증했다. 연동된 유튜브 유입도 늘어나며 순식간에 자료 다운로드 수는 150건을 돌파했다. 200건에 육박하는 달도 있었다.

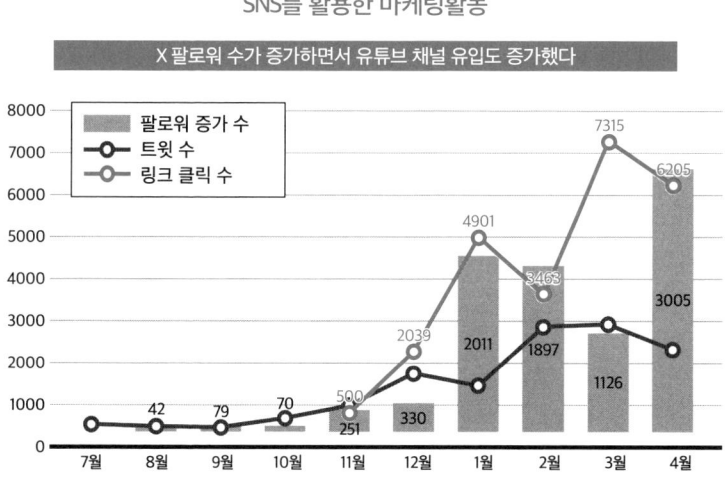
SNS를 활용한 마케팅활동
X 팔로워 수가 증가하면서 유튜브 채널 유입도 증가했다

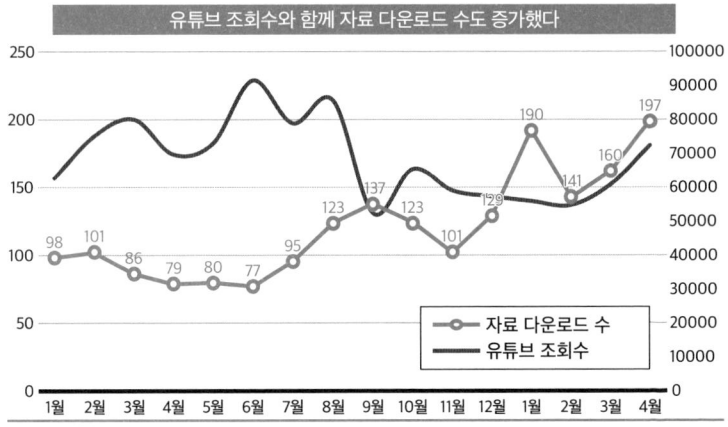

⑤ 성과의 보고와 반응

범위와 이해관계자를 명확하게 하고, 프로젝트 기간 중 계속 주시하며 진척 상황을 보고했다. 좀처럼 성과가 나오지 않았던 처음 몇 달간도 겁내지 않고 보고했다. 덕분에 성과가 나오기 시작하자 컨설턴트도 자기 일처럼 기뻐했다.

이처럼 프로젝트관리는 요소만 정확히 파악해도 크게 실패하지 않는다. 예상하지 못했던 일이 발생해도 상황에 맞춰 범위나 이해관계자, 자원 등을 조절하면 적어도 실패는 면할 수 있다.

딱 한 가지 조언!

목표를 정할 때는 '스마트' 개념을 사용한다. 특히 처음으로 프로젝트를 담당하게 되면 어떻게 목표를 설정해야 할지 고민하기 마련이다.

스마트(SMART)는 구체적(Specific), 측정 가능(Measurable), 달성 가능

(Achievable), 관련성(Relevant), 기한 설정(Time bound)의 첫 번째 글자에서 따온 개념이다.

  목표를 설정할 때 이 다섯 개념을 참고하자(모든 기준을 충족시킬 필요는 없다). 이 개념을 사용하면 프로젝트에서 다뤄야 할 범위가 명확해지고 이해관계자와의 인식 차이도 크게 줄어든다.

  목표 설정의 정밀도는 관리에서 가장 중요한 포인트 중 하나이다. 반드시 기억해두자.

PART 4

최고 컨설턴트가 직장 밖에서 실천하는 공부법

16
독서법 습득하기 ①

놀라울 정도로 지식이 쌓이는 '수평 독서'

📝 직장인이 공부하는 데 왜 독서가 최강일까?

지금까지 2장과 3장을 통해 개념 기술과 관계 기술을 익히는 학습법을 소개했다.

한정된 시간 안에 최대한 '일하면서 배우기'를 실천하길 바란다.

다만 프로그래밍과 생성형 AI 또는 부기 지식 등 업무와 전혀 관련 없는 일을 배우려고 할 때는 '근무 중 공부법'만으로는 한계가 있는 것 또한 사실이다.

그래서 여기서는 평소에 하는 업무와 전혀 관계없는 일을 새로 배울 때 필요한 학습법을 소개하겠다.

<u>근무시간 외에 개인의 시간을 줄여가며 공부해야 하는 만큼 더욱더 효율적으로 집중해서 임하길 바란다.</u>

먼저 새로운 지식을 얻는 방법으로 가장 대중적으로 알려진 것이 '독서'다.

나는 독서만큼 투자 대비 효과가 높은 공부법은 없다고 생각한다. 자기 속도에 맞춰 노하우나 지식을 자유롭게 손에 넣을 수 있기 때문이다.

지금부터 독서를 통해 효과적이고 효율적으로 공부할 수 있는 '수평 독서'에 대해서 소개하겠다. 오랜 시간 동안 내가 책을 이용해 공부할 때 실천하고 있는 독서법이다.

먼저 목적에 대해서 정리하겠다.

원래 독서에는 다양한 목적이 있다. 단순히 독서 습관을 익히고 싶어서 읽는 사람도 있고, 화제의 인기 도서니까 대화 주제로 활용하고 싶어서 읽는 사람도 있다.

하지만 이번에 소개하는 수평 독서의 목적은 기법과 노하우를 진지하게 익히고 싶을 때 사용하는 독서법이다. 이 수평 독서를 익히면 이전의 독서법으로는 돌아갈 수 없다.

수평 독서의 특징 세 가지

먼저 수평 독서에 대해서 간단하게 설명하겠다.

수평 독서란 같은 주제의 책을 다섯 권에서 열 권 정도 쌓아놓고 해당 주제와 관련된 부분만 골라서 읽는 독서법이다.

'다섯 권에서 열 권'이라는 말에 깜짝 놀라는 사람도 있을 것이다.

하지만 체계적이고 폭넓게 공부하기 위해서는 이 방법이 가장 효율적이다. 또한 최신 지식이나 노하우가 아니라면 몇 해 전에 출판된 책이어도 괜찮다. 중고책으로 사면 큰돈을 쓰지 않아도 된다. 한 권에 500엔 정도(배송비 포함)로 구매할 수 있다면 다섯 권에 2500엔, 열 권이면 5000엔이다.

교육 프로그램에 참가하는 것보다 훨씬 저렴한 데다 책은 자산으로 남으니 과감하게 대량으로 구입해보자.

이어서 수평 독서의 특징 세 가지다.

① 다양한 시점으로 정보수집

수평 독서의 첫 번째 특징은 '다양한 시점의 정보수집'이다. 공부를 하고 싶어도 먼저 어디서부터 시작해야 하는지 모르는 경우가 많다.

이럴 때 수평 독서가 매우 편리하다. **같은 주제에 대해 여러 명의 저자가 쓴 책을 읽기 때문에 전문가의 다양한 시점을 얻을 수 있다.**

예를 들어 '퍼실리테이션(facilitation)'에 관한 책을 읽는다고 해보자. 서로 다른 저자의 책을 다섯 권에서 열 권 읽으면 퍼실리테이션의 다양한 측면과 응용 방법을 폭넓게 알 수 있다.

② 지식의 평균값을 이해

수평 독서의 두 번째 특징은 '지식의 평균값'을 이해할 수 있다는 점이다.

어떤 저자는 '퍼실리테이션은 경청이 중요하다'라고 썼다. 그런데 다른 저자가 '퍼실리테이션에서는 주도권을 잡아야 한다'라고 역설했다면 어떻게 받아들여야 할까.

지식과 경험이 부족한 사람은 '무엇이 정답일까?'라며 혼란스러워할 것이다. 인지 편향에 걸려서는 안 되는 중요한 포인트다. 인간은 자신에게 유리한 내용을 접하면, 그 외의 것은 받아들이려고 하지 않는 경향이 있다(이것을 확증편향이라고 말한다).

이처럼 **편견에 사로잡히지 않기 위해서라도 주제 전체의 '평균적인 이해'를 얻어야 한다.** 수평 독서를 통해 다수의 저자에게서 공통으로 볼 수 있는 사고방식과 그 기법을 알 수 있다. 주제와 관련된 균형 잡힌 이해가 쌓인다.

개인적으로는 주식투자할 때 수평 독서로 다양한 투자법을 배우고 검토할 수 있어서 매우 도움이 되었다.

③ 체계적인 지식습득

세 번째 특징이 '체계적인 지식습득'이다. 수평 독서의 목적은 공부다. 독서가 목적이 아니다. 공부이기 때문에 지엽적인 지식이 아니라 체계적이고 폭넓은 지식을 습득해야만 한다.

공부할 때는 '착안대국 착수소국(着眼大局 着手小局, 대국적으로 생각하고 멀리 보되 착수는 한 수, 한 수에 집중해 작은 성공을 모으는 것이 승리의 길이다)'의 사고를 명심해야 한다.

==수평 독서를 통해 다양한 각도에서 정보를 얻으면 주제에 관한 지식을 체계적으로 쌓을 수 있다.== 단순한 정보수집이 아니라 지식을 통합하고 더 넓은 시야에서 모든 일을 파악할 수 있다.

퍼실리테이션이라는 주제라면 어떻게 준비해야 할까? 대상자에 대한 사전 지식은 어떻게 얻어야 할까? 퍼실리테이션하기 쉬운 환경설정 방법은 무엇일까? 도입부부터 과제를 설정하는 법은? 안건을 정하는 방법, 결론을 내리는 방법, 처리 방법, 의견을 넓히는 방법, 정리하는 방법, 보조하는 방법 등, 다섯 권에서 열 권을 읽으면 깨닫게 될 것이다. '퍼실리테이션은 다양한 내용을 두루 알아야 한다는 것을 말이다. 그때 비로소 인터넷에서 알게 된 지식은 극히 일부분이었음을 이해하게 된다.

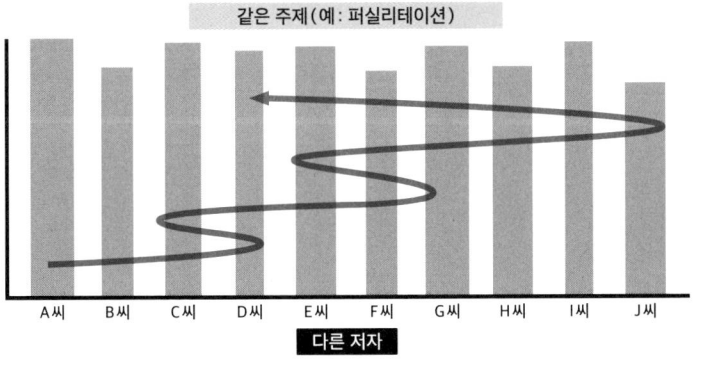

📝 올바른 수평 독서의 순서 네 가지

이어서 수평 독서의 순서다. 순서는 다음의 네 가지다.

① 주제를 설정한다
② 주제에 맞는 책을 고른다
③ 주제에 맞는 목차를 확인한다
④ 확인한 부분만 읽는다

장보기를 생각하면 이해하기 쉽다. 샌드위치를 만들려고 한다. 샌드위치 재료를 사기 위해 슈퍼에 간다. 그때 식빵을 팔고 있는 코너, 달걀과 햄을 팔고 있는 코너 등 필요한 재료가 놓인 장소를 찾아간다. 사려는 재료를 발견하면 장바구니에 담는다.

이런 방식으로 독서를 하는 것이 수평 독서다.

슈퍼에서 팔고 있는 모든 물건을 빠짐없이 확인하는 것이 아니라 '필요한 물건을 팔고 있는 코너'를 찾아가는 방식이다.

따라서 퍼실리테이션이라는 주제를 알고 싶다면 주제에 대해 쓰여 있는 부분만 읽는다.

조금 더 자세히 '퍼실리테이션의 준비' 부분만 공부하고 싶다면 해당 부분만 골라서 정독한다. 책을 처음부터 끝까지 읽지 않아도 된다.

📝 수평 독서용 책 고르는 방법

수평 독서용 책은 어떻게 골라야 할까? 이어서 그 요령을 소개하겠다.

가능하면 도서관이나 대형 서점을 찾아가 실물 책을 확인한다. 책을 고르는 요령을 알고 있다면 인터넷서점에서 사도 된다. 하지만 아직 익숙하지 않다면 목차를 처음부터 끝까지 확인하는 것이 좋다.

목차를 확인하면 어떤 내용을 알고 싶은지, 알아야 하는지, 단서를 찾을 수 있다. 주제와 관련된 부분을 찾았다면 그 페이지를 한두 쪽 정도 읽어본다.

대형 서점에는 비슷한 주제의 책들이 함께 진열되어 있다. 여러 권을 골라 '목차 읽기'를 반복하다 보면 어떤 책을 사면 될지 대충 감이 온다.

다만 지나치게 몰입해서 읽기는 추천하지 않는다. 왜냐하면 시간을 들여서 읽다 보면 '알 것 같은 기분'이 들 때가 많기 때문이다.

알 것 같은 기분이 들면 책을 사고자 하는 의욕이 떨어진다. 최악의 경우, 너덧 권 읽다 보면 '대충 알겠어'라며 결론을 내려버린다.

이런 심리 효과를 '더닝 크루거 효과(Dunning-Kruger effect)'라고 부른다. 지식이 없으면 자신감도 없지만, 지식이 조금 생기면 갑자기 과도한 자신감이 생긴다는 현상이다. 진짜 전문가는 겸손하지만, 피상적으로 배운 사람이 의외로 자신만만해한다.

더닝 크루거 효과를 피하기 위해서라도 알 것 같은 기분이 드는 읽기는 하지 않는다.

"이 책에 알고 싶은 주제가 쓰여 있는 것 같아."

이런 느낌이 든다면 망설이지 말고 구매한다.

참고로 **목차를 읽어도 내용을 모르겠는 책은 추천하지 않는다.** 목차는 이정표다. 망설여질 때의 기준, 길잡이가 되어야 할 존재다. 그런데 기준의 역할을 제대로 하지 않는, 알기 어려운 목차를 가진 책은 다루기 어렵다.

수평 독서는 한번으로 끝나지 않는다. 반드시 여러 번 읽게 된다. 길을 헤매지 않기 위한 이정표가 없는 책을 선택하면 읽을 때마다 길을 잃게 된다. 아무리 유명한 저자가 쓴 책이라도 수평 독서에는 적합하지 않음을 기억하자.

📝 책을 나열해놓고 목차를 기억한다

갑자기 책 열 권을 사기는 어려울 수 있다. 게다가 같은 주제의 책을 한번에 구매할 수 있는 대형 서점도 많지 않다.

그렇다면 처음에는 서너 권 정도만 산다. 서너 권을 사서 본문을 읽기 전에 모든 책의 목차를 확인한다.

- 퍼실리테이터의 태도
- 퍼실리테이터의 킬러 프레이즈
- 퍼실리테이션의 준비
- 퍼실리테이션을 위한 정보수집
- 안건 만드는 방법
- 회의 분위기 만들기
- 합의 형성의 방법…

어떤 책이든 목차를 확인하면 퍼실리테이션의 공통된 내용을 찾을 수 있다. 체계적으로 이해하기 위해서라도 지엽적 방법에 관한 내용까지 의식해서 확인하자.

이런 작업만으로도 상당한 만족감을 느낄 수 있다. 네 권을 사서 목차를 전부 확인한 후 공부하고 싶은 주제에 해당하는 내용에 빨간 펜으로 동그라미를 치거나 선을 긋기만 해도 제법 알 것 같은 기분이 든다.

반복하다 보면 뇌의 해마가 활성화된다. 그렇게 중요한 내용이 기억에 남기만 해도 제법 유익한 작업이다. 이 작업은 책을 읽고 난 후 지식을 떠올리게 하는 방아쇠가 되므로 신중하게 임해야 한다.

여기서 내가 특히 신경 쓰는 포인트를 한 가지 소개하겠다. 바로 사례나 칼럼은 읽지 않고 넘기는 것이다. 나중에 시간이 생기면 읽는다. 처음에는 노하우나 기법을 외우는 데 집중한다.

확인한 모든 책의 목차 내용은 한번에 읽기 바란다. 많은 시간을 들일 수 있는 사람은 넘기지 않고 읽어도 되지만, 나처럼 성격이 급한 사람은 기법이나 노하우만 보는 편이 훨씬 효율적이다.

📝 한 권의 책을 넘어 점과 점을 잇는다

확인한 모든 내용을 읽는 데 어느 정도의 시간이 걸릴까? 네 권이면 한 시간도 걸리지 않을 것이다.

첫 번째 책은 다소 시간이 걸리더라도 두 번째부터는 읽는 속도가 점점 빨라진다. 왜냐하면 비슷한 내용이 쓰여 있기 때문이다. <mark>첫 번째 책에 적혀 있는 내용과 다른 포인트에 주목하며 마킹하거나 메모를 남긴다.</mark>

세 번째, 네 번째 책도 같은 주제이기 때문에 읽다 보면 대략적이지만 전체적인 그림을 알 수 있다.

전체 모습을 파악했다면 이번에는 세부 내용에도 주목한다. 특히 주요 과제라고 생각한 부분(진짜로 실천할 사항)을 다시 읽는다. 어차피 실천해서 사용하지 않으면 기억에 남지 않는다. 여기서 확실하게 결론을 짓는다. 예를 들어,

- 퍼실리테이션을 위한 정보수집
- 안건 만드는 방법
- 온라인 회의에서의 퍼실리테이션 기술

에 대해서 더욱 자세하게 알고 싶다. 다음 주부터 실제로 해보고 싶다. 이렇게 생각하는 부분을 서너 권 펼쳐놓고 자세하게 읽는다. 중점적으로 기억하고 싶은 부분을 다시 읽은 후 다시 한번

- 퍼실리테이터의 태도
- 퍼실리테이션을 위한 준비

와 같은 기본적인 내용을 읽는다. 그렇게 해보면 '그렇구나. 왜 안건을 이렇게 만들어야만 하는지 이제야 알겠어. 준비 단계의 마음가짐이 이렇게 이어지는구나'처럼 점과 점이 연결되는 감각을 알게 되면서 이해의 수준이 높아진다. 한 권의 책을 뛰어넘어 점과 점이 연결되어(Connecting the Dots) 점점 지식의 폭이 넓어진다. 해당 주제에 관한 흥미와 관심도 놀라울 정도로 커진다.

수평 독서하는 책을 서너 권 추가하는 이유

그렇다고 거기에서 만족하지 말고 한 번 더 같은 주제의 책을 서너 권 사서 수평 독서한다.

'이미 거의 다 알고 있어'라고 생각해서는 안 된다. 그렇게 생각한 시점에서 더닝 크루거 효과가 작동하면 사고가 멈춘다. 서너 권 읽었다고 해서 결코 아는 상태가 되는 것은 아니다. 어떤 주제이든 마찬가지다.

만약 '몇 권을 읽어도 똑같다'라는 결과가 나오더라도 괜찮다. ==서로 다른 전문가가 같은 내용을 이야기했다면 기법과 노하우에 대한 신뢰도가 더욱 높아진다.== '읽어서 손해봤어'라는 감정을 느낄 것도 없다. 같은 주제의 책에서, 같은 내용을 읽게 되면 한층 더 다양한 시점을 손에 얻게 될 것이다.

'안건은 이렇게 만드는구나.'

'우리 회사는 이런 식으로 회의를 진행하는 게 맞아.'

'이 책의 저자는 아나운서라서 소개 방식이 다른 책과 다르구나.'

책을 읽고 비교하면 다양한 발견을 할 수 있다. 주제에 대한 식견이 폭

발적으로 증가한다.

'퍼실리테이션을 쉽게 생각했는데 상황에 따라 방식이 꽤 달라지는구나.'

많은 경험을 해야만 알 수 있는 식견을 열 권에 달하는 책을 통해 어느 정도 익힐 수 있다.

이렇게 체계적으로 노하우를 외우고, 깊이 있게 이해하면 직접 실천할 때 어떻게 해야 할지 구체적인 방법이 이미지로 떠오른다.

또한 실제로 해봤지만 잘되지 않을 때는 다시 한번 수평 독서를 해보길 바란다. 표시해둔 목차에 의지해 다시 한번 열 권 정도의 책을 훑어본다. 그러면 확실하게 새로운 발견을 할 수 있을 것이다.

'그랬구나! 참석한 사람들의 사전 정보를 정확하게 모으지 않았구나. 그걸 깜빡했었네.'

어떤 책에서 중요 포인트를 찾을 수 있을지도 모른다. 그래서 여러 권의 책을 펼쳐놓고 수평 독서하는 것이다. 수평 독서를 반복하다 보면 중요한 지식이 뇌의 단기기억(워킹 메모리)에 확실하게 각인된다. 어떤 일이 발생했을 때 바로 떠올릴 수 있을 정도로 남을 것이다.

이것이 바로 '댐 공부'다.

수평 독서의 순서

> 수평 독서 기법과 노하우를 익히고 싶을 때 사용하는 독서법

① **주제를 설정한다**
➡ 익히고 싶은 기법과 노하우를 명확하게 한다

② **주제에 맞는 책을 고른다**
➡ 요령을 찾을 때까지 실물 책을 보고 결정한다
➡ 가능하다면 열 권, '한 번에 고르기' 어려울 때는 세 권에서 다섯 권 정도 읽고, 나중에 추가한다

③ **주제에 맞는 목차를 확인한다**
➡ 익숙하지 않을 때는 목차를 처음부터 끝까지 읽는다

④ **확인한 부분만 읽는다**
➡ 공부하고 싶은 주제에 해당하는 내용에 빨간 펜으로 동그라미를 치거나 밑줄을 긋는다
➡ 공통되는 부분을 찾아 전체 그림을 이해한다
➡ 사례나 칼럼은 건너뛴다

⇒ 점과 점을 이어 지식의 폭을 넓힌다

16
독서법 습득하기②

초일류의 사고를 훔치는 '수직 독서'

📝 컨설턴트를 우수하다고 생각하는 이유

사람의 시장가치는 '기술 세트'와 '지식의 토대'가 풍부할수록 높아진다. 경험과 마찬가지로 객관적으로 평가하기 쉬운 스펙이기 때문이다.

하지만 실제 비즈니스에서는 이 스펙보다 강력한 요인이 있다.

대학 근처에는 가본 적도 없고, 어려운 자격증도 갖고 있지 않은 내가 다른 컨설턴트보다 우수하다고 생각하는 것이 바로 '수행 능력'이다.

수행 능력이란 뛰어난 퍼포먼스를 발휘하는 사람의 행동 특성이다. 제아무리 고학력이고, 지식이 풍부해도 다음과 같은 행동 특성이 없으면 비즈니스에서 꾸준한 성과를 내기 어렵다.

- 목표를 달성할 때까지 포기하지 않는 마음
- 어려운 일에 직면해도 극복해내려는 집념
- 한번 정하면 끝까지 해내려는 존속력

2022년 베스트셀러 《리더의 안목》(오노 다케히코)에도 명확하게 적혀 있다. '기술' '지식' '경험'은 알기 쉬운 데다 객관적으로 평가하기 쉽다.

하지만 외부에서 확인하기 어려운 수행 능력은 사람의 가치를 한층 더 정확하게 평가하는 요소가 된다.

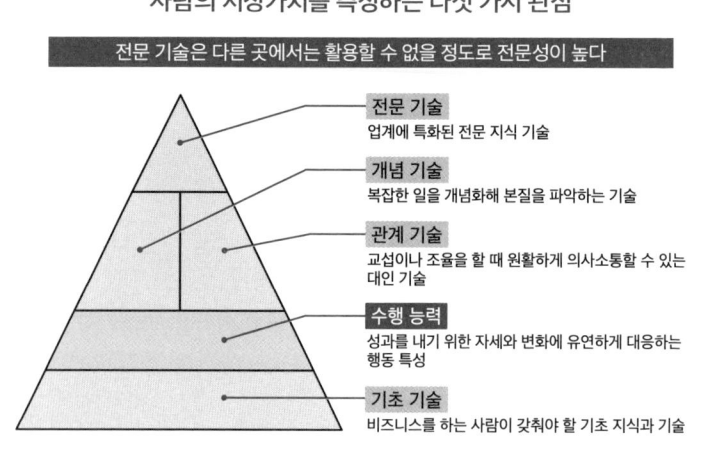

이러한 수행 능력은 어떻게 해야 익힐 수 있을까?

눈앞을 가로막고 있는 어려움에 겁먹지 않고 앞으로 나아가기 위해서는 경험을 쌓는 방법 말고는 없는 것일까?

꼭 그렇지만은 않다.

확실히 경험은 필요하다. 하지만 경험이 적더라도 수행 능력을 단련할 준비는 할 수 있다. 바로 지금까지 내가 실천해왔던 방법들이다. 그래서 이번에 제안하는 것이 수직 독서다.

수직 독서란 책의 주제와는 별개로 동일한 저자의 책을 연달아 읽으며 그 저자의 사고 패턴을 받아들이는 독서법이다.

이번에는 이 수직 독서 방법을 자세하게 설명해보자.

📝 수직 독서를 하면서 성공한 사람의 시중을 든다

사람은 함께 있는 사람의 사고 패턴을 닮는 경향이 있다. 그리고 이런 현상은 바로 '거울 신경세포' 때문이다.

뇌에는 주변 사람의 말과 행동을 무의식중에 모방하는 거울 신경세포라는 게 있다. 긴장하고 있는 사람 곁에 있으면 자신도 긴장하게 되는 이유는 거울 신경세포가 작동하기 때문이다.

만나는 사람이 바뀌면 뇌의 거울 신경세포 자극이 바뀐다.

그래서 자신도 모르는 사이에 뇌가 반응하게 되고 사고 패턴이 바뀐다. 우리는 이러한 현상을 '감화'라고 부른다.

과거에는 시중을 드는 관습이 있었다. 훌륭한 사장과 숙식을 함께하며 사장의 평소 생각을 배웠다.

하지만 이 시중은 시성비(시간 대비 성능)가 나쁘다. 롤 모델로 삼을 만한 훌륭한 사람이 주위에 있다는 보장도 없으며 요즘 현실에는 맞지도 않다.

이때 도움이 되는 것이 수직 독서다.

사고를 훔치고 싶은 저자의 책을 주제와 관계없이 적극적으로 읽기 시작한다. 이 과정에서 저자의 사고 패턴이 자연스럽게 자신의 것이 된다. 시중을 드는 것과 유사한 체험이 가능하다.

📝 수직 독서를 하기 위해 저자는 어떻게 선택해야 할까?

구체적으로 수직 독서를 어떻게 실천해야 할까? 순서 세 가지를 설명하겠다.

① 저자 선택
② 저자의 책을 여러 권 고른다
③ 한 번에 정독한다

먼저 수직 독서할 저자를 선택한다.

예를 들어 마쓰시타 고노스케, 이나모리 가즈오, 데일 카네기, 피터 드러커 같은 명저, 세계적인 베스트셀러를 집필한 저자를 선택해도 좋다.

조금 더 친근하게 느끼는 저자여도 좋다. 그런 저자라면 SNS를 팔로우하거나, 유튜브를 볼 수도 있으며, 강연이나 세미나에 참석할 수도 있다.

다만 **열 권 이상의 책을 출간한 저자를 선택해야 한다.** 예를 들면 나는 고미야 가즈요시, 다사카 히로시, 호소야 이사오, 가쓰마 가즈요, 가바사와 시온, 히라노 도모아키가 쓴 책은 주제와 상관없이 구매해서 읽고 있다.

고미야 가즈요시를 예로 들면 《1초 만에 재무제표 읽는 법》, 《ROE 분석: 기업가치 분석이 궁금한 당신에게》라는 재무제표를 다루는 방법부터 《사장의 정도》, 《사장이 되는 사람, 되지 못하는 사람》같이 경영자를 위한 책, 《업무 스킬을 키우는 독서법》, 《일본경제신문을 '제대로 읽는 법'》같이 독서법을 소개한 책, 《될 수 있는 최고의 내가 된다》, 《프로의 경지》같은 자기 계발서까지 장르를 불문하고 모든 책을 닥치는 대로 읽는다.

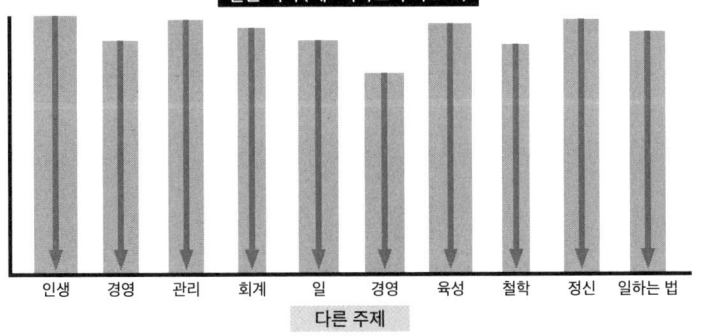

"예전에 출간된 책과 비슷한데" "이미 알고 있는 내용이 많을 것 같아"라는 생각이 들면 구매한다. 사장의 시중을 들다 보면 알 수 있다. 처음에는 사장이 하는 말과 생각이 신선하게 다가와 그때마다 메모하게 될 것이다. 하지만 몇 달이 지나고 나면 '매번 같은 말을 하고 있어' '역시 그렇게 말할 줄 알았어' 하고 패턴을 읽게 된다.

수직 독서의 목적은 사고 패턴을 훔치는 데 있다. 그래서 독서 후에 "항상 같은 말이 적혀 있어서 새로운 것이 없네"라는 감상을 느껴도 무방하다.

📝 수직 독서를 위한 책 고르는 방법·읽는 방법

이처럼 평소 독서를 통해 관심이 가는 저자, 동경하는 저자, 롤 모델로 삼고 싶은 저자를 찾는다.

이어서 저자가 살아온 삶, 살아가는 태도가 강하게 투영된 책을 몇 권 골라 구입한다.

예를 들어 '재무'에 관한 책이든 '논리적 사고'나 '시간술'을 주제로 다룬 책이든 해당 책을 통해 저자의 인생, 경험, 가치관, 열정을 느낄 수 있다면 읽는다.

그리고 책의 내용에 깊숙이 빠져본다. 적극적으로 감화되는 것이다.

마지막으로 읽는 방법이다. 수평 독서에서 소개했듯 필요한 곳만 골라서 읽지 말고 프롤로그에서 에필로그까지 정독한다.

'역시, 이 저자다워.'

'이 에피소드, 다른 책에도 쓰여 있었어.'

'이럴 때 이 저자라면 이렇게 행동하겠지.'

이런 생각을 하게 되었다면 수직 독서를 잘한 것이다.

좋아하는 아티스트의 음악을 듣고 있는 듯한 감각을 맛보는 것이다.

📝 수직 독서할 때 주목하길 바라는 사건 두 가지

어떤 저자든 무언가를 달성할 때까지 다음의 사건 두 가지를 경험한다.

- 갈등
- 충돌

이 '갈등'과 '충돌'에 초점을 두고 읽어보자. 힘든 일이 생기거나 높은 벽에 부딪혔을 때, 반드시 갈등이 생긴다. 누군가와 충돌한다.

그때 어떤 시점으로 상황을 보고 극복했는가. 어떤 행동을 반복하며 주변의 기대에 부응했는가.

이 부분이 저자의 수행 능력을 알 수 있는 가장 중요한 단서이다.

<u>전문 분야에서 새로운 기법과 노하우를 고안할 때 생각한 것 또는 당시의 마음가짐을 참고할 수 있다.</u> 저자의 수행 능력을 언급하는 부분은 충분히 곱씹어가며 여러 번 읽는다.

📝 수직 독서의 장점 세 가지

마지막으로 수직 독서의 장점 세 가지를 정리하겠다.

① 저자의 사고 패턴을 이해할 수 있다
② 다각적인 사고를 얻을 수 있다
③ 어려움을 극복할 방법을 찾을 수 있다

첫 번째 장점은 저자의 사고 패턴을 확실하게 이해할 수 있다는 것이다.

한 권이나 두 권만 읽어서는 이해하기 어렵지만, 연달아 네다섯 권을 탐독하듯 읽다 보면 마치 저자의 시중을 든 것만 같은 착각을 하게 된다.

저자의 기분이나 신조를 손에 넣을 수 있을 것만 같은 느낌이 드는 것이다. 단순한 노하우와 지식이 아닌 저자의 사고 패턴을 이해하게 되면 읽는 이도 같은 시점에서 상황을 인식할 수 있다.

두 번째 장점은 하나의 시점에 얽매이지 않고 다각적인 사고를 할 수 있다는 점이다. 수직 독서를 꾸준히 하면 **'이렇게 성공한 사람에게도 이**

런 시절이 있었다니' '이런 식으로 생각을 바꿀 수도 있구나. 역시 다르네'라며 놀라게 된다.

'이때, 이런 결단을 내리다니 대단해.'

소설 속에 등장하는 인물이 아니라 비즈니스 책을 쓴 저자다. 현실에 존재하는 실존 인물이다. 우리가 본받아야 할 점이 많다.

고미야 가즈요시의 《업무 스킬을 키우는 독서법》이라는 책을 반복해서 자주 읽는다. 이 책의 서두에서 저자는 어린 시절 자신은 '책을 잘 읽지 못하는 사람'이었다고 고백했다. 그런데 독서를 통해 재무 지식을 얻기도 하고, 컨설팅의 수완을 갈고닦았다는 이야기가 쓰여 있어서 충격을 받았다. 엄격한 스승에게 배운 적도 없었다는 내용이 내게 큰 용기를 주었다.

이처럼 어려운 상황을 어떻게 극복했는지 구체적인 해결책을 발견할 수 있다는 점도 수직 독서의 세 번째 장점이다.

자신이 절대로 경험할 수 없는 것을 이처럼 위대한 선인들이 대신 경험한 후 새로이 얻은 식견을 알려준다.

저자와 실제로 만나서 이야기를 듣는 것도 좋지만 우리가 알고 싶은 내용은 대부분 책에 쓰여 있다.

부담감을 가지고 기억하려 하지 않아도 된다. 여러 번 탐독해보자. 수직 독서를 즐길 수 있게 되면 반드시 수행 능력이 쌓인다.

다가올 시대에 필요한 '전용성 소질'

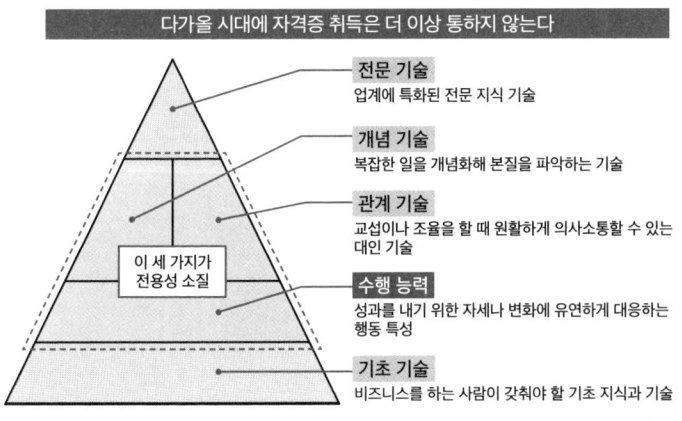

수직 독서 순서

수직 독서—저자의 사고 패턴을 손에 넣는 독서법

① **저자 선택하기**
→ 열 권 이상 책을 출간한 저자

② **저자의 책을 여러 권 고른다**
→ 장르를 불문하고 저자의 인생, 경험, 가치관, 열정을 느낄 수 있는 책을 선택한다

③ **한 번에 정독한다**
→ 프롤로그부터 에필로그까지 정독한다
→ '갈등'과 '충돌'에 초점을 맞춰 읽는다

장점 세 가지
- 저자의 사고 패턴을 이해할 수 있다
- 다각적인 사고를 얻을 수 있다
- 어려움을 극복할 방법을 찾을 수 있다

18 디지털 기술 습득하기

시대에 뒤떨어지지 않는 '디지털 기술'을 익히는 포인트 세 가지

📝 많은 사람이 착각하는 '디지털 인재'의 정의

이 책에서는 개념 기술과 관계 기술을 중심으로 이야기해왔다. 하지만 다가올 시대에 절대로 피할 수 없는 것이 '디지털 기술'이다.

<u>효과적으로 공부하기 위해서라도 디지털 기술은 반드시 익혀야 한다.</u>

하지만 많은 사람이 디지털 기술에 대해 착각하는 듯하다.

예를 들어 '리스킬링'이라고 하면 IT 응용력을 익히는 것, IT 인재가 되는 것이라고 생각하는 사람이 많다. 각종 조사에 의하면 리스킬링의 주제로 '디지털 개발'을 꼽는 사람이 많다. 어학과 더불어 프로그래밍이나 데이터분석, 인터넷 보안 등이 뒤를 잇는다.

IT 기업 직원들을 대상으로 한 의식조사라면 모를까, 일반기업에 종사하는 직원을 대상으로 한 조사인데 말이다. IT에 정통한 사람이라면 이해하겠지만, 이러한 조사 결과에는 강한 의문을 갖게 된다.

아마도 많은 사람이 IT 인재와 디지털 인재를 혼동하는 듯하다.

IT 인재란 IT 기술에 정통하고, 정보시스템의 설계나 개발, 도입, 운용을 담당하는 인재다. 회사의 조직도로 예를 들면 정보시스템 부문에서 일하고 있는 사람을 IT 인재라고 말할 수 있다.

따라서 앞에서 이야기한 조사 결과에서 상위를 차지한 '프로그래밍' '데이터분석' '인터넷 보안' 등은 IT 인재용 기술이다.

리스킬링이란 새로운 직업에 종사하기 위해 새로운 지식과 기술을 배우는 과정을 말한다. 즉 시스템엔지니어가 회계 공부를 하거나 세무사가 마케팅 기술을 배우는 것을 리스킬링이라고 부른다. 지금 당장 해야 하는 일에 도움이 되지는 않지만, 장래를 생각해 공부해둘 필요가 있다고 생각하는 것이 리스킬링의 주제에 적합하다.

즉 IT 기업으로 이직할 생각이 없다면 프로그래밍이나 데이터분석을 공부할 필요가 없다.

한편 **디지털 인재는 도입된 IT 기술, 정보시스템을 활용해 회사에 기여하거나 새로운 부가가치를 만들어내는 사람을 가리킨다.** 비즈니스를 하는 모든 사람이 대상이다.

일반기업에 근무하는 사람은 디지털 인재를 목표로 삼아야 한다. 디지털 인재가 되기 위해서는 프로그래밍이나 데이터분석 같은 기술보다 평상시 업무에서 디지털 기술을 활용하는 데 초점을 맞춰야 한다.

일부러 교육을 받거나 자격증을 딸 필요는 없다. 중요한 건 지레 겁먹는 습관을 극복하는 데 있다.

60세, 70세가 되어도 언제든지 디지털 인재가 될 수 있다.

📝 디지털 인재는 말을 사육하지 않아도 된다!

말로 예를 들면 이해하기 쉽지 않을까?

IT 인재는 말의 교배와 출산부터 젖떼기와 조련까지 맡는 사람이라고 생각하면 된다. 말을 부리는 데 쓰는 기구 개발이나 목장 관리까지 포함하면 광범위한 지식과 기술이 필요하다.

한편 디지털 인재는 열심히 사육한 말을 잘 탈 수 있는 인재에 해당한다. 가볍게 타는 승마라도 나름의 훈련이 필요하다. 하지만 말을 사육하고 조련하는 사람에 비하면 그렇게까지 많은 시간과 노력을 들이지 않아도 된다.

IT 인재와 디지털 인재는 그 정도로 다르다.

원래 시스템엔지니어였던 나는 토종 IT 인재였다. IT 인재는 '숙련된 장인'과 닮아 있다. 그래서 그에 걸맞은 기술이 필요하다. 게다가 기술의 진화 속도는 매우 빠르다. 미경험자가 기술을 익혀 업무에 활용하는 것은 쉬운 일이 아니다.

한편 디지털 인재는 성과를 내기 위해 IT 도구를 자유자재로 사용할 수 있어야 한다. 분명하게 말하지만, IT 인재에게 필요한 기술과는 비교할 수 없을 정도로 간단하다. 지레 겁먹지 말고 외워서 익숙해지면 된다.

- **상사에게 보고·연락·상담할 때**
- **고객과의 상담을 준비할 때**
- **기획서 양식을 표준화할 때**

이런 상황일 때 최첨단 디지털 기술을 능숙하게 사용해보자. 그것만으로도 디지털 기술을 익힐 수 있다.

📝 편리한 앱을 얼마나 능숙하게 사용할 수 있는가?

'고작 그게 다인가요?'라며 실망하는 사람이 많을 것이다. 하지만 그렇게 생각하지 말길 바란다. 예를 들어 아마존이나 라쿠텐(일본 대형 온라인 쇼핑몰)에서 물건을 구매하지 못하는 사람이 얼마나 될까? 아마도 많은 사람이 구매할 수 있을 것이다.

스마트폰 결제는 매우 편리하지만 귀찮게 느끼는 사람도 많다. 인터넷으로 주식을 사고 싶어 시도했다가 도중에 포기하는 사람도 적지 않을 것이다. 왜일까?

설정이 어렵기 때문이다. 최근에 출시되는 앱은 직관적으로 이해할 수 있는 UI(유저인터페이스)로 설계되어 있기 때문에 별도의 자세한 취급설명서가 없다. 대부분 사용하면서 조작하는 방법을 익히기 때문에 이런 방식을 어려워하는 사람은 익숙해지는 데 시간이 오래 걸려 귀찮다고 느낄 수 있다.

특히 '모르는 부분이 생길 때마다 다른 사람에게 질문하는 사람'은 이 장벽을 뛰어넘을 수 없다.

"인터넷으로 주식거래를 하고 싶은데 개설한 계좌에 어떻게 입금해야 하는지 모르겠어. 누가 좀 알려줘."

<u>무의식중에 다른 사람에게 의존하는 사람은 주변에 알려주는 사람이 없으면 거기에서 단념한다.</u>

도움말 기능을 참고하면 대부분의 고민은 해소할 수 있지만, 도움말 기능을 사용하는 방법도 잘 모르기 때문에 그조차 이용하지 못한다. 사용법 설명회를 열어도 설명서를 제작해서 배포해도 제대로 보는 사람은 거의 없다.

📝 디지털 기술을 익히는 포인트 세 가지

디지털 기술을 익히기 위해서는 일단 모든 앱을 자유자재로 사용할 수 있어야 한다. 지금은 필요하지 않지만 익숙해지기 위해 '전자책을 이용한다' '편의점에서 페이로 결제한다' '노션(Notion) 앱에 메모한다' 등을 해보는 건 어떨까.

예를 들어 많은 사람이 사용하는 메일이나 일정 관리 앱을 사용하는 것부터 시작해도 좋다. 초점을 둬야 할 포인트는 다음의 세 가지다.

① 기본 조작 방법을 습득
② 기본 조작 방법을 설명
③ 개인 맞춤형

우선 자신이 사용하고 있는 앱의 기본 조작법 정도는 완벽하게 이해한다. 잘 알고 있는 사람에게 부탁하지 말고 기본 조작 방법 정도는 스스로 익힌다. 이때 주의해야 할 것이 다음의 두 가지다. 바로 '메뉴'와 '도움말'이다. 사용할 것 같지 않은 메뉴도 전부 눌러보면서 사용법을 익힌다. 어떤 기능인지 모를 때는 도움말 기능을 이용해 찾아본다.

익숙하지 않은 사람은 다소 귀찮게 느낄 수 있다. 반나절이 지나도 전체 내용을 이해하지 못할 때도 있다. 그래도 포기해서는 안 된다. 익숙해지면 금세 요령을 찾을 수 있다. 아이콘을 보기만 해도 어떤 기능인지 떠올릴 수 있다.

기본 조작 방법을 외웠다면 다른 사람에게 조작 방법을 설명해보자. 설명하는 사이에 자신이 몰랐던 기능이 무엇인지 알게 된다. 그 사람과 함께 "이건 어떻게 사용해야 할까?" "이 아이콘은 어떤 의미일까?"를 발견할 수도 있다. 다른 사람이 알려달라고 했을 때 가르쳐줄 수 있을 정도로 기본 조작 방법을 이해하길 바란다.

마지막으로 추천하는 방법이 개인 맞춤형이다. 기본 조작 방법을 거의 다 외웠다면 사용하기 편리하게 나만의 것으로 편집한다. 예를 들어 메일 앱이라면,

- 수신 메일의 항목이나 정렬순서를 보기 편하게 수정한다
- 수신 메일을 폴더로 나눈다
- 보낸 사람과 제목에 따라 자동으로 분류한다

자신만의 기준과 규칙을 만들어 앱을 편집한다. 대부분의 앱에서 맞춤형 서비스를 제공하고 있으므로 작업의 효율화를 위해 자유롭게 사용해보자.

📝 한 단계 위의 디지털 기술인 '데이터수집'의 시점 두 가지

디지털 기술을 손에 넣기 위해서는 '말을 사육할 필요 없이 말에 올라타면 된다'라고 말했다. 편리한 앱을 만들지 않아도 된다. 앱을 자유자재로 사용할 수 있으면 된다. 최신 디지털 기술을 활용해 새로운 부가가치를 창출할 수 있다면 한 단계 위의 디지털 기술이 손에 들어온다.

그러기 위해서는 다음에 소개하는 두 가지 종류의 데이터수집이 가능하도록 항상 노력해야 한다. 데이터를 효율적으로 수집하면 문제해결력

이 크게 향상된다.

① 가설을 세우기 위한 데이터
② 가설을 검증하기 위한 데이터

어떤 아이디어를 낼 때, 개인의 의견이나 번뜩임에 의존하는 시대가 아니다. 외부환경(사외), 내부환경(사내)의 정보를 정확하게 수집하지 않으면 설득력 있는 아이디어를 내놓을 수 없다. 그래서 평상시에 시장 정보, 업계 동향 등을 수집해야 한다.

필요할 때마다 즉흥적으로 인터넷에 검색해서는 문제해결력을 향상시킬 수 없다.

외부환경 정보를 수집할 수 있는 도구는 얼마든지 있다. 유료 서비스 도구도 많은데 예전에 비하면 놀라울 정도로 가격이 합리적이다. 이러한 도구에 기꺼이 돈을 지불하는 것도 디지털 인재의 조건이다.

내부환경 정보를 수집하기 위해서는 사내 업무시스템을 활용한다. 애널리틱스 분석을 제공하는 앱도 많다. 데이터를 CSV 형식으로 내려받아 엑셀에서 편집하면 문제 발견의 속도는 눈에 띄게 빨라진다. 프로그래밍 기술은 필요 없으며, 데이터를 분석하는 고도의 기술도 필요하지 않다.

우리 회사의 어시스턴트는 모두 이 정도의 작업을 할 수 있다. 특별한 훈련은 하지 않았다. 매일 다양한 디지털 도구를 사용하면서 적응한 결과다.

또한 디지털 기술을 익히기 위해서는 IT나 디지털 관련 지식보다 개념 기술과 관계 기술이 더 중요하다는 것도 기억하길 바란다. 가설을 세우는 힘이 없으면 어떻게 데이터를 수집해야 할지 모르며, 세운 가설을 검증하기 위해서는 조직 내의 주요 인물에게 질문해야 할 때도 있다.

즉 디지털 기술을 익혀 디지털 인재가 되려면 개념 기술과 관계 기술을 갈고닦고 최첨단 디지털 도구를 익혀서 능숙하게 사용할 수 있어야 한다.

19
검색 기술 습득하기

압도적인 정보수집을
가능하게 만드는 '수평 검색'

왜 '검색 기술'이 이렇게 중요한가?

베테랑 컨설턴트가 젊은 컨설턴트에게 따라잡혀 곧바로 뒤처지게 되는 기술이 있다. 바로 '검색 기술'이다. 이 능력은 디지털 기술과 닮아 있다. 개념 기술이나 관계 기술과 달리 시대의 흐름과 함께 매번 업데이트해야만 하는 능력이다.

공부할 때도 뛰어난 검색 기술을 활용하면 큰 도움이 된다. 모르는 것을 알기 위해서는 점과 점을 연결하는 것이 중요하다. 책에서 얻은 지식, 교육 프로그램 강사에게 배운 노하우, 일하면서 얻은 경험이 서로 연결되면서 **'아, 이렇게 되는 거구나'** 하고 납득하게 된다. 단순히 용어의 의미를 알기 위해서라면 사전을 찾아보면 된다. 하지만 깊이 있게 이해하기 위해 전문가의 의견이나 사례까지 참고하면 '범에게 날개'를 달아주는 격이 된다.

책이나 교육 프로그램에서는 배우지 못하는 기술과 지식을 배울 때도 검색 기술은 큰 도움이 된다.

검색 기술이란 얻고 싶은 지식이나 정보를 빠르게 찾는 능력이다. 당연히 디지털 기술이 뛰어날수록 검색 기술도 향상시키기 쉽다.

그렇다면 어떻게 검색 기술을 높여야 할까? 자세하게 설명하겠다.

📝 세상에서 가장 잘 아는 사람이 누구인지를 찾는다

무언가를 알고 싶고, 찾고 싶어서 검색할 때 가장 신경 써야 하는 부분은 사실 사람이다. 알고 싶은 것에 대한 '답을 알려주는 상대'다. 도구로 생각하면 매번 구글이나 유튜브, 엑스(구 트위터)에 의지한다.

하지만 도구가 아닌 사람으로 생각하면 기대한 만큼의 성과를 얻기 쉽다. 포인트는 다음 두 가지다.

① 세상에서 가장 잘 아는 사람
② 세상에서 가장 알기 쉽게 설명해주는 사람

예를 들어 'A상사 사장의 머릿속에 있는 차기 전략'을 알고 싶다고 가정해보자. 이때 구글이나 유튜브에서 검색하는 사람은 없을 것이다. 사내 직원들에게 물어도 아무도 모를 것이다. 따라서 정답은 다음과 같을 것이다.

① 세상에서 가장 잘 아는 사람 → A상사의 사장
② 세상에서 가장 알기 쉽게 설명해주는 사람 → A상사의 전무

A상사 사장의 머릿속에 있는 차기 전략은 당연히 A상사의 사장이 세상에서 가장 잘 안다. 그런데 이것을 알기 쉽게 설명할 수 있는 사람은 사장이 아닌 최측근인 전무일지도 모른다.

이런 관점으로 상황을 생각하면 머릿속을 정리하기 쉽다.

다음과 같은 내용을 알고 싶을 때도 구글과 같은 검색엔진을 사용할 생각을 하지 않게 된다.

- 2030년까지 일본의 건설업 동향
- 소프트웨어 기반 서비스(Software as a Service) 기업의 신규 채용 안건
- 50대부터 리스킬링하는 데 도움이 되는 서적

구글에서 검색하면 일단 광고 사이트가 상위에 표시된다. 검색엔진최적화(SEO)에 힘을 쏟고 있는 대형 웹사이트가 노출되고, 자신도 모르는 사이에 검색 키워드와는 관련 없는 페이지에 접속하기도 한다. 반드시 사람을 떠올리며 검색하자.

그리고 공부가 목적일 때는 훨씬 추상적인 내용을 검색하게 된다. 스스로 생각하는 힘을 키우고 싶다면 애초에 스스로 생각하는 힘이란 무엇인지, 논리 사고력과는 무엇이 다른지, 이런 의문을 무작정 구글이나 유튜브, SNS에 검색해도 좋다. 하지만 검색해서 찾은 웹사이트나 영상을 참고할 때는 반드시 발신자를 확인해야 한다.

'세상에서 이 주제에 대해 가장 잘 아는 사람일까?' '세상에서 가장 알기 쉽게 설명해주는 사람일까?' 물론 엄밀히 따졌을 때 세상에서 가장 잘 아는 사람이 아니어도 된다. 하지만 그 정도로 극단적인 목표를 가지고 검색하지 않으면 전문가가 아닌 인플루언서의 발언이나 돈의 힘을 빌려 검색 상위에 노출시키는 사이트 관리자의 호구가 된다.

📝 최고 컨설턴트의 수평 검색

무언가를 알고 싶을 때는 세상에서 가장 잘 아는 사람, 세상에서 가장 알기 쉽게 설명해주는 사람에게 물어보는 것이 가장 좋다. 하지만 현실적으로는 불가능하다. 공부에 도움이 되는 용어나 노하우 등 추상적인 내용을 알고 싶을 때라면 더더욱 그렇다. 누가 최고의 전문가인지 가려내기 어렵다.

여기서 내가 추천하는 방법이 '수평 검색'이다. 이것은 독서법인 수평 독서와 비슷하다.

수평 검색이란 검색하고 싶은 주제의 내용을 소개하는 사이트나 동영상을 여러 개 확인해서 주제의 의미, 배경, 관련 지식을 조사하는 것이다.

예를 들어 책을 읽다가 모르는 단어가 나왔다고 하자. '스스로 생각하는 힘' '구체와 추상' '로직 트리' 'DX' '인적자본' '생성형 AI' 같은 단어에 대해서 찾아보자.

복수의 웹사이트나 인터넷 기사, 유튜브 동영상을 검색해 검색 결과의 공통점을 추출한다. 이것만으로도 어느 정도의 지식을 손에 넣을 수 있다. 단, 그때는 반드시 신뢰할 수 있는 사람이 발신한 내용인지 확인한다. 최고의 전문가인지 아닌지는 몰라도 그 정도는 확인할 수 있다. 확인하는 포인트는 다음의 두 가지다.

① 기사의 폭
② 기사의 깊이

어지간히 희소한 주제가 아닌 이상 무명의 개인이 운영하는 사이트를 참고해서는 안 된다. 예를 들어 스스로 생각하는 힘에 대한 지식을 알고 싶어 검색했다고 치자. 구글에서 검색해보면 알 수 있듯이 셀 수 없을 만큼의 수많은 사이트가 표시된다.

그러므로 주제를 잘 아는 전문가가 발신하고 있는지 확인한다. 기사의 폭을 확인하면 바로 알 수 있다.

기사의 깊이도 중요하다. 표면적인 내용만 다룬다면 '무늬만 전문가'이다. 하지만 자신의 체험담이나 응용 사례 등 세세한 부분까지 쓰여 있다면 깊이 있는 지식을 가진 사람일 것이다. 즉 발신자가 이해 레벨 4에 도달해 있는지 꼼꼼하게 확인해야 하는 것이다. 그렇게 하면 지식뿐만 아니라 발신자의 지혜까지 빌릴 수 있다.

수평 검색을 할 때는 최소한 다섯 종류의 사이트를 확인!

수평 검색을 할 때는 적어도 다섯 종류의 사이트, 동영상을 확인한다. 두세 곳만 보고 결론을 내려서는 안 된다. 세 곳 중 한 곳에서라도 자신이 예상했던 결과를 보여주면 확증편향에서 벗어날 수 없다. 제아무리 훌륭한 전문가가 운영하는 사이트라 하더라도 다섯 종류 이상의 사이트에서 찾아보고 내용을 대조해보자.

신뢰할 수 있는 전문가가 쓴 기사를 여러 개 찾아보면 대부분 비슷한 내용이 적혀 있다. 동영상으로 확인할 때도 마찬가지다. 패턴을 알 수 있다. 다섯 종류의 전문 사이트 중 서너 종류에서 같은 내용을 이야기한다면 신뢰해도 된다.

```
            수평 검색 하는 법
  신뢰할 수 있는 사이트와 동영상, 게시글 등 다섯 종류를 사용해 검색한다
            검색 주제(예: 스스로 생각하는 힘)
                  동영상    동영상

     웹사이트                              블로그
                      SNS
            신뢰할 수 있는 발신자
```

 체계적인 지식을 익히기 위한 공부 목적이라면 수평 독서를 강력 추천한다. 하지만 약간의 지식만 알고 싶다면 수평 검색을 시도해보자. 검색 기술을 단련하는 훈련도 된다.

 예를 들어 KPI에 대해서 검색했다고 하자. 검색하면 KPI의 의미뿐만 아니라 비슷한 단어인 KGI나 KSF의 정의까지 사이트에 설명되어 있으며 재무제표로서의 KPI는 무엇이고, 영업에서는 어떤 식으로 KPI를 사용하며, 제조에서는 어떻게 활용하는지 다양한 활용법이 소개되어 있다.

 KPI 수평 검색을 했을 뿐인데 다양한 지식을 얻게 되는 것이다.

📝 인터넷에 검색하기 전에 반드시 검색해야 하는 곳

 그런데 인터넷에 검색하는 것도 좋지만, 그 전에 반드시 다른 곳에서 먼저 검색하는 습관도 만들어야 한다. 여기서 말하는 장소는 다음의 두 가지다.

① 머릿속(뇌의 장기기억)
② 기록 메모

일단 검색하기 전에 먼저 생각한다. 단기기억(워킹 메모리)에 저장되어 있지 않아도 장기기억을 더듬다 보면 찾을 수 있다.

"들어보니 그렇네요."

"곰곰이 생각해보니 그렇네요."

이런 말을 입버릇처럼 하는 사람은 특히 조심해야 한다. 생각하는 힘이 쇠약해졌을 가능성이 있다. 이미 장기기억에 저장되어 있음에도 불구하고 바로 인터넷에 검색하거나 다른 사람에게 물으면 뇌에서 지식을 꺼내는 힘이 약해진다.

스스로 생각해봐도 찾을 수 없다면 자신이 기록했던 메모나 예전에 읽었던 책을 찾아본다. 말할 것도 없이 '메모 자산'이 없는 사람은 지금 당장이라도 이 자산을 늘리는 데 집중해야 한다. 그렇게 하지 않으면 시간이 흘러도 검색 기술은 향상되지 않는다.

한번 검색으로 손에 얻은 지식은 반드시 어딘가에 기록해야 한다. 그러지 않으면 또다시 검색하게 된다. 이렇게 비효율적으로 행동해서는 고도의 정보 시대를 헤쳐나갈 수 없다.

책에서 찾았다면 그 책에 기록하거나 포스트잇에 메모해서 붙여둔다. 종이나 노트에 남겨도 된다. 인터넷에서 검색했다면 인터넷 앱에 메모해도 좋다.

부지런한 사람은 메모를 하나로 관리하는 데 도전해보자. 검색 기능이 뛰어난 메모 앱을 사용해도 좋다. 최고 컨설턴트 중에는 메모 자산가가 많다.

📝 현대의 검색 기술은 과거의 조사 기술과 같다

단순히 단어의 의미나 활용 방법 정도를 알고 싶다면 구글이나 유튜브 검색 명령어만 알아도 충분할 수 있다.

하지만 요즘 시대의 '검색'은 과거의 '조사'와 같은 수준의 뛰어난 일을 할 수 있다. 기술만 단련하면 초보자도 자기 나름의 조사가 가능하다.

'이 업계가 안고 있는 과제는 무엇인가?'

'최근의 채용시장은 어떻게 변화하고 있는가?'

'어떤 신규 사업을 진행해야 큰 이익을 얻을 수 있을까?'

검색 기술을 응용하면 컨설턴트의 전문 분야인 '내부환경 분석'과 '외부환경 분석'도 대략적으로 할 수 있다. 데이터나 정보의 소재만이라도 파악해두면 상황에 맞는 정보를 빠르게 검색하고 분석할 수 있다. 검색 기술은 현대의 필수 기술이다.

정보의 감도를 높이 유지하면서 이 기술을 업데이트해 나가자.

20 연습 방법 습득하기

초효율적으로 기술을 향상시키는 '분해 통합 연습'

📝 연습의 목적은 '알다' → '할 수 있다'

내가 컨설턴트로서, 경영인으로서 성과를 내게 된 것은 효과적으로 공부를 하게 되면서다. 공부만 그랬던 게 아니라 연습법도 꽤 효과적이었다고 자부하고 있다.

==공부의 성과는 '알게 되는 것'이 아니라 '할 수 있게 되는 것'이다.== 책을 읽기만 해도 알 수는 있다. 하지만 할 수 있게 되는 것은 아니다. 이해하기 쉬운 예가 어학이다. 머리로 이해하고, 시험에서 100점을 받더라도 연습하지 않으면 유창하게 말할 수 없다.

여기서 효율적으로 연습하는 방법에 대해서 소개하겠다. 이름하여 '분해 통합 연습'이다.

연습하는 방법을 모르면 수많은 연습을 거듭해도 기술을 연마할 수 없다.

아이를 키우는 데도 유익한 방법이므로 부하 직원 육성이나 자녀 교육을 고민하고 있다면 꼭 마지막까지 읽어보길 바란다.

📝 초효율적인 연습법 '분해 통합 연습'이란?

"교육을 받았지만, 전혀 도움이 되지 않았어요. 교육에 의미가 없었던 것 같아요."

어느 사장이 이렇게 말하기에 깜짝 놀랐다. '어떤 교육을 받으셨나요?'라고 묻자, '영업부 직원 네 명에게 이틀간 프레젠테이션 교육을 받게 했어요'라는 답이 돌아왔다. 사장은 교육 프로그램이나 강사에게 문제가 있었다고 주장했는데 실제로 그랬을까? 연습이 부족했던 것은 아닐까? 기술을 충분히 개발하지 못한 사람에게는 연습이 필요하다. 아무리 좋은 교육 프로그램을 수강해도 아는 것이 할 수 있는 것으로 바뀌지 않는다.

게다가 비즈니스로 바쁜 사람은 시간을 확보하기 어렵다. 이번에 소개하는 분해 통합 연습은 바쁜 비즈니스퍼슨에게 딱 맞는 연습 방법이다.

시스템엔지니어였던 나는 다양한 업무에서 시스템을 개발하던 당시의 사고법을 활용하고 있다. 연습하는 방법도 마찬가지다. 매우 효율적인 분해 통합 연습을 부디 시험해보길 바란다.

📝 분해 통합 연습의 사고법

순서는 간단하다. 연습이 필요한 동작만 잘라 모듈화하고, 그 부분만 반복해서 연습한다. 무의식중에도 할 수 있게 되면 모듈을 결합해 다시 연습한다. 이것만 반복하면 된다.

연습해야 할 대상이 많으면 다음의 세 계층으로 나눈다.

- 전체 동작

- 요소
- 모듈

예를 들어 달리기 연습을 생각해보자. 요소는 다리의 움직임과 팔의 움직임 두 가지다. 요소를 다시 몇 가지 모듈로 분해한다. 다리를 드는 방법, 착지하는 방법, 차는 방법 세 가지로 나눠보자.

연습이 가장 필요한 모듈이 '차는 방법'이라면 우선 이 동작을 집중적으로 연습한다. 충분히 납득할 수 있을 때까지 연습했다면 다리의 움직임 셋을 결합해 연습을 거듭하고, 마지막에는 팔의 움직임도 통합해서 연습한다.

정리하면 분해 통합 연습으로 하는 연습은 다음의 세 가지다.

① 개체 연습(모듈별)
② 결합 연습(요소별)
③ 통합 연습(전체 동작)

문제가 있는 부분만 의식해서 여러 번 반복한다. 그렇게 하면 전체 동작을 무의식중에 할 수 있게 된다. 이것이 분해 통합 연습의 기본 사고법이다.

분해 통합 연습의 순서 여섯 가지

그렇다면 이 분해 통합 연습을 사용해 실제 프레젠테이션 연습을 해보

자. 순서는 다음 여섯 가지다.

① 연습 범위를 정한다(전체 동작)
② 어려운 부분을 잘라서 요소화한다
③ 한 번 더 최소 단위 모듈로 분해한다
④ 모듈별로 개체 연습한다
⑤ 모듈을 결합해 요소별로 결합 연습한다
⑥ 모든 요소를 합쳐 통합 연습한다

① 연습 범위를 정한다(전체 동작)

이번 예제는 고객 앞에서 프레젠테이션하는 상황이다. 시간은 30분. 하지만 30분짜리 프레젠테이션 전체를 반복해서 연습하는 것은 현실에 맞지 않는다. 뛰어난 기술을 가지고 있는 사람이 아닌 이상 연습해야 할 대상은 반드시 '동작'이어야 한다.

야구로 예를 들어보자. '치다' '수비하다' '달리다' 같은 기본기가 부족한 선수는 연습 시합에 여러 번 참가해도 실력이 늘지 않는다. 그래서 타격 연습, 수비 연습, 도루 연습처럼 상황별 연습 범위를 정한다.

30분 프레젠테이션의 경우라면, 어느 동작을 연습 범위로 할 것인지 정한다. 이번 예제에서는 고객에게 반드시 전달해야 하는 상품 소개(2~3분) 부분을 연습 범위로 정했다.

> 프레젠테이션 내용(전체)

당사의 상품은 귀사의 업무 효율을 놀라울 정도로 개선합니다. 소개하고 싶은 성공 사례가 세 가지 있습니다. 동종 업계의 사례, 같은 사업 유형의 사례, 비슷한 조직규모의 사례 세 가지입니다. 곧바로 동종 업계의 사례부터 소개하겠습니다.

귀사와 같은 업계인 A사에서는 저희 상품을 도입한 후 근무시간을 연간 30퍼센트 정도 감축할 수 있었습니다. 구체적으로 네 명이 240시간을 감축했습니다. 근무시간을 월간 20시간이나 감축했다는 계산이 나옵니다. 이어서 같은 사업 유형의 사례입니다. 귀사와 같은 사업 방식을 진행하는 B사에서는….

이처럼 준비한 프레젠테이션 원고를 바탕으로 실제 발표와 같은 환경에서 연습을 반복한다. <mark>2~3분 정도의 상품 소개를 서너 번 반복하다 보면 어느 부분에서 막히는지 정확하게 알 수</mark> 있다.

② **어려운 부분을 잘라서 요소화한다**

이어서 아무리 연습해도 자연스럽게 말하지 못할 때, 목이 멜 때, 말을 더듬을 때, 이런 부분을 특정해서 요소화한다. 15~20초 정도를 기준으로 한다. 이번에는 사례 소개 부분을 일부 잘라냈다.

> **연습해야 할 요소**
>
> 동종 업계의 사례부터 소개하겠습니다. 귀사와 같은 업계인 A사에서는 저희 상품을 도입한 후 근무시간을 연간 30퍼센트 정도 감축할 수 있었습니다. 구체적으로 네 명이 240시간을 감축했습니다. 근무시간을 월간 20시간이나 감축했다는 계산이 됩니다.

이 부분(15~20초)을 여러 번 반복적으로 연습하면 차분하게 이야기할 수 있게 될 것이다. 하지만 다수의 사람은 어려움을 느낀다. 또한 기술이 부족한 사람은 이 정도의 분량도 길다고 느낄 것이다.

따라서 한 번 더 이 요소를 분해해 모듈화한다.

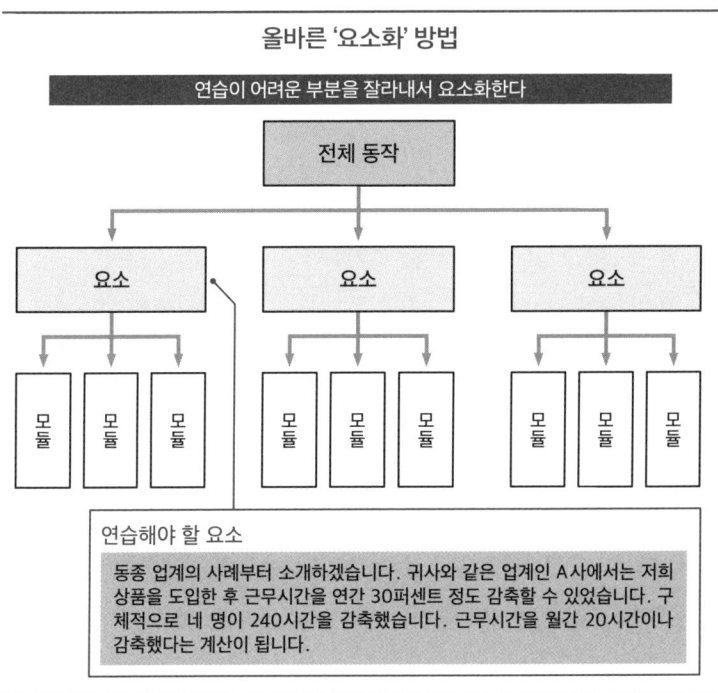

③ 한 번 더 최소 단위 모듈로 분해한다

해보면 알 수 있다. 15~20초 분량의 문장을 외워 막힘없이 술술 말하게 되기까지는 상당한 시간이 걸린다.

'간격 반복 학습'은 기억에 정착시키는 가장 유명한 방법이다. 일정 간격을 여러 번 반복하면 뇌의 해마가 활성화되어 기억력이 올라간다. 일단 단기기억에 저장시켰다면, 반복해서 학습할 간격을 점차 넓혀가는 방법이다.

다만 이번 연습의 목적은 기억시키기가 아니다. 무의식중에 할 수 있게 되는 것이다. 즉 프레젠테이션의 내용을 외우는 것이 아니라 능숙하게 프레젠테이션하는 것이 목적이다.

따라서 능숙하게 프레젠테이션하기 위해서는 문장의 내용 정도는 빠르게 외워야 한다.

피아노 연주와 같다. 악보를 외운다고 해서 피아노 연주를 잘하게 되는 건 아니다. 예를 들면 프레젠테이션에서 효과적으로 쉬어가는 틈을 만들거나 말에 감정을 싣기도 하고 몸짓과 손짓을 적절하게 써야 한다.

그렇다면 다음의 셋을 모듈로 분해해보자.

개체 연습해야 할 모듈

- 귀사와 같은 업계인 A사에서 저희 상품을 도입하고 있습니다
- 도입 후, 근무시간을 연간 30퍼센트 정도 감축했습니다
- 근무시간을 월간 20시간이나 감축했다는 계산이 됩니다

프레젠테이션을 할 때는 한 번의 호흡이 기준점이 되어야 한다.

한 문장이 지나치게 길면 숨 쉴 틈도 없이 말을 쭉 이어나가야 하기 때문이다. 그래서 한 호흡 정도 길이의 문장으로 모듈화하는 것이 최적이다.

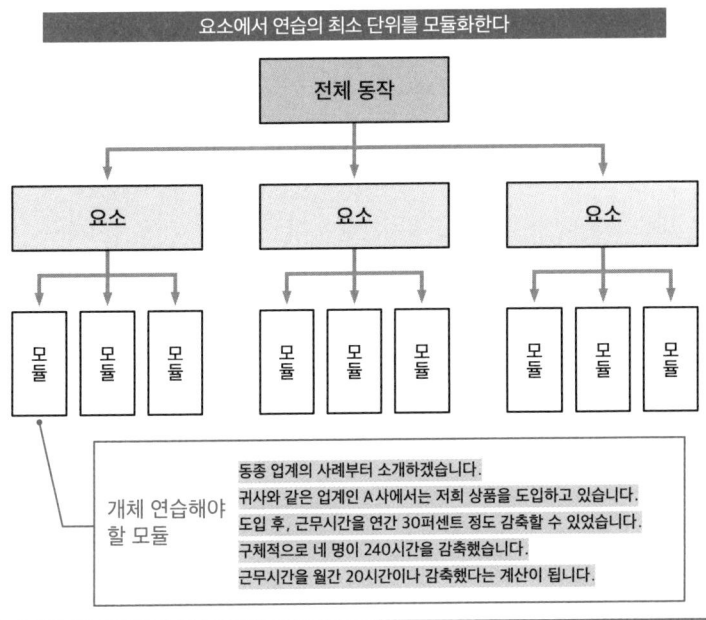

④ 모듈별로 개체 연습한다

드디어 준비는 끝났다. 지금부터는 연습 시작이다. 예를 들어 다음 문장을 반복해서 연습해보자. 간격 반복 학습으로 기억하기다.

"귀사와 같은 업계인 A사에서 저희 상품을 도입하고 있습니다."

단순히 다섯 번, 열 번 반복해서는 기억에 남지 않는다. 아무것도 보지 않고 다섯 번 반복하고 1분 쉬었다가 다시 다섯 번 반복한다. 외운 것 같으면 5분 후에 다시 다섯 번 반복한다. 5분 후에도 막힘없이 술술 말한다면 이번에는 10분 후에 다시 다섯 번 반복한다.

간격 반복 학습으로 외웠다면 이번에는 '능동적 회상 연습(Active recall)'

에 도전한다.

"귀사와 같은 업계인 A사에서 저희 상품을 도입하고 있습니다."

이 문장을 걸어 다닐 때나 회의 시작 전에 다섯 번 반복한다. 요소 단위로 능동적 회상 연습을 하는 것이 어렵다는 것은 해보면 알 수 있다.

동종 업계의 사례부터 소개하겠습니다. 귀사와 같은 업계인 A사에서는 저희 상품을 도입한 후 근무시간을 연간 30퍼센트 정도 감축할 수 있었습니다. 구체적으로 네 명이 240시간 감축했습니다. 근무시간을 월간 20시간이나 감축했다는 계산이 됩니다.

이 정도 길이의 문장을 일상생활 중에 떠올리며 여러 번 반복해서 연습하는 것은 쉬운 일이 아니다. 그래서 모듈 단위까지 작게 쪼개는 것이다.

'자연스러운 모습'은 생리적 반응의 변화다. 마음을 터놓을 수 있는 친구와 이야기를 나눌 때처럼 편안하게 문장을 말할 수 있게 되는 것이 기준이다.

"저번에 말했던 그 영화 봤어? 설마 그 배우가 나올 줄이야!"

이런 평범한 대화처럼 아무런 염려 없이 말하는 것이 자연스러운 모습이다. 한순간이라도 '제대로 말할 수 있을까?'라는 생각이 들지 않도록 몸에 새기는 것이다.

⑤ 모듈을 결합해 요소별로 결합 연습한다

개체 연습이 끝났다면 모듈을 결합해 연습을 반복하자. 이것이 결합 연습이다.

"동종 업계의 사례부터 소개하겠습니다. 귀사와 같은 업계인 A사에서는 저희 상품을 도입한 후 근무시간을 연간 30퍼센트 정도 감축할 수 있었습니다. 구체적으로 네 명이 240시간을 감축했습니다. 근무시간을 월간 20시간이나 감축했다는 계산이 됩니다."

이 부분을 몸짓과 손짓을 섞어가며 효과적으로 쉬어가는 틈을 만들거나 풍부한 감정으로 표현하며 말할 수 있다면 합격이다.

반드시 기억해야 할 포인트는 생리적 반응이다. <mark>한순간이라도 '자신이 없어' '제대로 말할 수 있을지 걱정이야' 같은 생각이 든다면 연습이 부족한 것이다.</mark>

야구의 수비 연습으로 예를 들어보자. '공이 날아오는 게 무서워' '제대로 잡을 수 있을까' 같은 불안에 사로잡혀 있다면 수비 연습이 부족하다는 증거다.

'비가 쏟아지는 날이라도 절대로 오류를 범하지 않을 거야'라는 자신감이 생길 때까지 연습한다. 이것이 연습의 기본적 사고법이다.

⑥ 모든 요소를 통합해서 연습한다

마지막으로 2~3분 상품 소개 전체를 프레젠테이션하는 통합 연습을 한다. 개체 연습, 결합 연습을 반복하면 놀라울 정도의 성과를 손에 얻을 것이다.

이때는 어려운 부분을 특정해서 그 부분만 철저하게 연습한다. 그리고 연습의 성과가 나오면 통합해서 다시 연습을 반복한다. 이것이 분해 통합 연습이다.

멀리 돌아가는 것 같지만 사실 가장 효과적이면서 효율적인 연습 방법이다. 꼭 시험해보길 바란다.

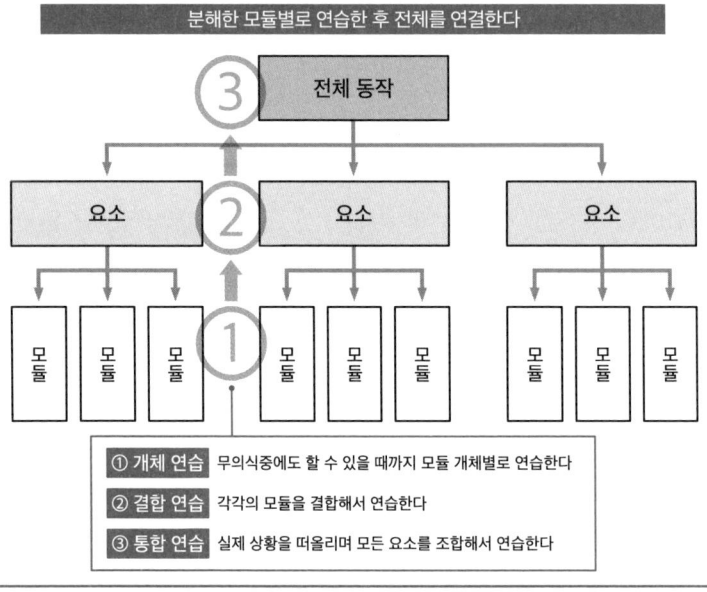

📝 일하는 틈새 시간을 사용해서 연습하는 습관을 만든다

아무리 공부하고 연습해도 마음에 여유가 생기지 않으면, 아는 것이 할 수 있는 것으로 바뀌지 않는다. 연습의 결과 프레젠테이션을 할 수 있게 되면 자연스럽게 준비한 원고를 술술 말할 수 있게 된다. 발표하면서 다른 생각도 할 수 있다. 애드리브도 할 수 있게 되고 감정표현도 자유자재로 할 수 있게 된다.

운동도 마찬가지다. 동작 하나하나를 머리로 생각하지 않고도 할 수 있도록 만들어야 한다. 동작하면서 창조성을 발휘하지 못하면 시합에서 이기거나 좋은 점수를 낼 수 없다.

학생 때는 연습이라는 말을 자주 사용했다. 그런데 사회에 나온 후로는 이 말을 들을 일이 거의 없다. 당신은 상사로부터 **"매일 연습하고 있어?"**라는 말을 들은 적이 있는가? 반대로 **"어느 정도 연습했어?"**라고 부하 직원에게 물은 적이 얼마나 되는가? 연습하지 않으면 잘할 수 없다. 잘하지 못하면 기술을 습득했다고 말할 수 없다. 분해 통합 연습을 외워 다양한 기술을 효율적으로 체득해보자. 리스킬링에도 연습이 필요하다.

마치며

📝 반드시 How가 아닌 What부터 시작하자!

운동 부족을 해소하고 싶은 사람은 대부분 이런 고민을 한다.

'**뭐부터 시작해야 할지 모르겠어.**'

운동 방법(How)을 고민하는 것이 아니다. 독서 습관이 없는 사람도 똑같은 말을 한다. 평소에 책을 읽지 않는 사람은 '**어떤 책을 읽어야 할지 모르겠어**'라며 고민한다. 이런 사람에게 독서법(How)을 알려준다고 고민이 해소되는 것은 아니다.

공부가 부족한 사람도 마찬가지다. 어떻게(How)가 아니라 무엇(What)을 부터 시작해야 한다. 그렇지 않으면 '조금 더 공부해' '리스킬링하세요'라는 말을 주변에서 들었을 때 무엇(What)부터 손을 대야 할지 모른다.

이 책은 그런 고민을 안고 있는 사람을 위한 책이다. 포인트는 '필수(must)'가 아닌 '있으면 좋은(Nice to have)' 것이다. 실무에 도움이 되는 필수 지식이나 기술이 아니라, 필수는 아니지만 있으면 도움이 되는 지식이나 기술에 초점을 둔다.

"**공부해야 하는 건 알지만 무엇부터 시작해야 하는지 모르겠어요.**"

이런 사람에게 전용성 소질 계발을 추천한다. 이유는 크게 나눠서 다음 두 가지다.

① 커다란 강점이 된다
② 시대가 변해도 도움이 될 가능성이 크다

예를 들어 프로그래머에게 프로그래밍 기술은 실무에 도움이 되는 필수 기술(Must)이다. 기술을 익히기 위해 당연히 노력해야 한다. 따라서 그 정도로는 큰 차별화 요소가 되지 않는다. 오랫동안 경험을 쌓고 특수한 환경 밑에서 단련했다면 강점이 될 수도 있겠지만 쉬운 길은 아니다.

그런데 만약 프로그래밍 기술은 평범하지만 프레젠테이션 기술이 높은 프로그래머라면 어떨까?

"저 사람은 설명을 정말 잘해" "스토리로 풀어내면 저 사람을 능가할 사람이 없어"라고 인정할 수밖에 없다. 이처럼 필수는 아니지만 있으면 도움이 되는 지식이나 기술(Nice to have)을 익히면 쉽게 강점으로 활용할 수 있다. 이게 가능한 이유는 체득하려는 사람이 많지 않기 때문이다. 적어도 주변에 공부하는 사람은 거의 없다. 그러니까 최선을 다해 공부하자.

- '퍼실리테이션 기술'이 높은 디자이너
- '언어화 능력'이 뛰어난 간호사
- '코칭기술'이 우수한 세무사

이런 인재는 큰 강점을 가질 수 있다. AI 발전으로 인해 디자이너의 수요가 떨어져도 퍼실리테이션 기술이 높으면 그 강점을 일에서 활용할 수 있다. 세무사 일이 크게 줄어도 코칭기술로 활약할 수 있는 장소를 찾을 수도 있다.

다시금 말하지만, 포인트는 '필수'가 아닌 '있으면 좋은'이다. 공부하고 싶지만, 무엇부터 시작해야 할지 모르겠는 사람은 있으면 좋은 전용성 소질부터 시작하자.

📝 공부는 '하드워크 사고'로!

이 책을 가벼운 마음으로 읽은 사람은 다음의 세 문장을 보고 적잖은 충격을 받았을 것이다.

- □ 직장인이 공부할 때 내가 가장 중요하게 생각하는 것이 있다. 바로 충분한 공부 시간을 확보하는 것이다(충분한 공부 시간 확보).

- □ 공부는 기본적으로 혼자서 해야 한다. 그건 학생이나 직장인도 마찬가지다. 공부는 고독한 작업이자 자신과의 싸움이다(공부는 혼자서 하는 것).

- □ 연습하지 않으면 잘할 수 없다. 잘하지 못하면 기술을 습득했다고 말할 수 없다(공부에는 연습이 반드시 필요하다).

고등학교나 대학 입시, 자격증 취득을 위한 수험서라면 몰라도 직장인이 공부하는 방법을 다룬 책이기 때문에 다음 세 포인트에 거부감을 느끼는 사람도 있을 것이다.

- **충분한 공부 시간 확보**
- **공부는 혼자서 하는 것**
- **공부에는 반드시 연습이 필요하다**

'그 정도로 열심히 공부해야 할 필요가 있나요?' 하고 생각하는 독자도 많을 것이다.

하지만 그 정도의 하드워크(Hard Work) 사고가 없으면 공부를 하더라도 새로운 기술 개발에는 도움이 되지 않는다. 생각났을 때만 공부하고, 반복적으로 연습하지 않고 방치해두면 '공부했다'라는 자기만족밖에 얻지 못한다.

나는 현장에서 컨설팅을 하는 사람이다. 다양한 교육을 받아도 자신의 강점으로 만들지 못하는 사람을 수도 없이 봐왔다. 어중간한 마음으로 공부해서는 자기 것으로 만들지 못하는 것이 현실이다.

예를 들어 우리 회사는 2년 정도 매월 피라미드구조를 배우는 공부 모임을 개최했다. 컨설턴트는 물론이고 어시스턴트까지 포함한 전 직원이 대상이었다. 조례 스피치에서도 매일 아침 의식적으로 공부하기를 권장했다. 그 정도로 적극적으로 공부해야 비로소 피라미드구조를 사용할 수 있게 된다.

생각을 전환하기 위해 책을 읽거나 하루이틀 교육을 받아도 도움이 되지 않을 때가 있다. 그래서 공부는 '하드워크 사고'로 해야 의미가 있다.

공부의 진짜 목적은?

"저는 예전에 논리적 사고 교육을 받은 적이 있습니다."
"논리적 사고에 관한 책을 여러 권 읽은 적이 있습니다."

'공부한 적이 있나요?'라고 물으면 대다수의 직장인은 '공부 경험'을 이야기한다. 이건 '오키나와에 갔을 때 딱 한 번 다이빙해본 적이 있어요'라고 말하는 것과 같다. 경험담은 어디에도 쓸모가 없다. '회계 공부를 한 적이 있습니다'와 '저는 공인회계사 자격증을 갖고 있습니다'는 의미가 전혀 다르기 때문이다.

공부는 어디까지나 수단이지 목적이 아니다. 지식이나 기술을 익히는 것이 목적이다.

이 목적을 달성할 때까지는 공부의 효과가 나오지 않는다는 걸 기억하자.

이 책에서는 초효율적인 전략적 공부법을 소개했다. 단순히 공부 경험을 쌓는 것이 아니라 정말로 힘이 되는 공부법을 소개했다. 단순히 공부 경험을 하는 게 아니라 공부를 통해 실력을 쌓는 것이 훨씬 즐거운 일이며, 무엇보다도 공부하는 보람이 있다.

부디 여러 번 읽으며 '근무 중 공부법'을 실천하길 바란다. 지금 하는 일과 장래의 경력에 반드시 도움이 될 것이라 확신한다.

마지막으로 이 책을 집필하는 데 도움을 준 쇼에이샤의 오가와 겐타로 씨에게 감사의 마음을 전한다.

학력도 없고, 전문 자격증도 없는 내가 공부를 주제로 책을 써도 좋을지 고민할 때, 그런 사람만이 쓸 수 있는 관점이 있다고 오가와 씨가 알려주었다.

이런 기회를 주셔서 진심으로 감사하다.

이 책으로 공부의 재미를 느끼고, 이전보다 나은 성과를 손에 넣는 사람이 한 명이라도 많아지기를 진심으로 바란다.

참고 문헌

《리더의 안목》, 오노 다케히코, 김윤경 역, 흐름출판, 2024
《자신의 기술을 꾸준히 향상시키는 리스킬링(自分のスキルをアップデートし続ける リスキリング)》, 고토 무네아키, 2022
《가설이 무기가 된다》, 우치다 가즈나리, 이정환 역, 한빛비즈, 2020
《회사가 원하는 제안의 기술》, 다카다 다카히사, 김성빈 역, 나재훈 감수, 에이지21, 2007
《일 잘하는 사람들은 어떻게 문제를 해결하는가》, 다카다 다카히사, 이와사와 도모유키, 김혜영 역, 트러스트북스, 2016
《지두력》, 호소야 이사오, 홍성민 역, 이레, 2008
《메타 사고 트레이닝 발상력이 비약적으로 향상하는 질문 34(メタ思考トレーニング 発想力が飛躍的にアップする34問)》, 호소야 이사오, 2016
《입문 생각하는 기술·쓰는 기술 일본인의 논리적 사고 실천법(入門 考える技術・書く技術 日本人のロジカルシンキング実践法)》, 야마사키 고지, 2011
《공감의 배신》, 폴 블룸, 이은진 역, 시공사, 2019
《공감의 정체: 연결고리를 만들 것인가, 고통을 가져올 것인가(共感の正体: つながりを生むのか、苦しみをもたらすのか)》, 야마타케 신지, 2022
《도해 앵거매니지먼트 초입문 분노를 다스리는 마음 트레이닝([図解] アンガーマネジメント超入門 怒りが消える心のトレーニング)》, 안도 슌스케, 2018
《좋은 관계는 듣기에서 시작된다》, 케이트 머피, 김성환, 최설민 역, 21세기북스, 2021

《기브앤테이크(Give and Take)》, 애덤 그랜트, 윤태준 역, 생각연구소, 2013

《기분 좋게 사람을 움직인다(気持ちよく人を動かす)》, 다카하시 고이치, 2021

《NLP 기본서(실무입문) (NLPの基本がわかる本(実務入門))》, 야마사키 히로시, 2007

《NLP 실천수법(실무입문) (NLPの実践手法がわかる本実務入門)》, 야마사키 히로시, 2011

《코칭이 답이다》, 코치에이, 스즈키 요시유키 감수, 최재호 역, 올림, 2013

《업무 스킬을 키우는 독서법》, 고미야 가즈요시, 정윤아 역, 비전코리아, 2019

《완벽한 연습: 더 나은 삶을 위한 마흔두 가지 규칙(Practice Perfect)》, 더그 레모브, 2012

심플리어 007

일하면서 성장하는
전략적 공부법

1판 1쇄 인쇄 2025년 8월 6일
1판 1쇄 발행 2025년 8월 18일

지은이 요코야마 노부히로
옮긴이 김은혜
펴낸이 김영곤
펴낸곳 (주)북이십일 21세기북스

TF팀 팀장 김종민
기획편집 진상원   **마케팅** 정성은
편집 박지석   **디자인** design S
영업팀 정지은 한충희 장철용 강경남 황성진 김도연 이민재
제작팀 이영민 권경민
해외기획팀 최연순 소은선 홍희정

출판등록 2000년 5월 6일 제406-2003-061호
주소 (10881) 경기도 파주시 회동길 201(문발동)
대표전화 031-955-2100 **팩스** 031-955-2151 **이메일** book21@book21.co.kr

ⓒ 요코야마 노부히로, 2025

ISBN 979-11-7357-447-4 (03190)

(주)북이십일 경계를 허무는 콘텐츠 리더

21세기북스 채널에서 도서 정보와 다양한 영상자료, 이벤트를 만나세요!
페이스북 facebook.com/21cbooks **포스트** post.naver.com/21c_editors
인스타그램 instagram.com/jiinpill21 **홈페이지** www.book21.com
유튜브 youtube.com/book21pub

• 책값은 뒤표지에 있습니다.
• 이 책 내용의 일부 또는 전부를 재사용하려면 반드시 ㈜북이십일의 동의를 얻어야 합니다.
• 잘못 만들어진 책은 구입하신 서점에서 교환해드립니다.

상사, 후배, 회사를 움직이는 질문의 기술

다르게 질문했을 뿐인데 회사 생활이 쉬워졌다

소통과 성과를 동시에 잡는
상황별 질문 매뉴얼
질문만 잘해도 회사 생활이 쉬워진다!

오야 요시코 지음 | 신기중 옮김 | 값 20,000원 | 192쪽

독해력이 늘지 않는 진짜 원인

안다는 착각

더 깊이 읽고
더 정확히 이해하라!
깊이 있는 독해력의 기술

니시바야시 가츠히코 지음 | 박귀영 옮김 | 값 19,900원 | 218쪽

저절로 돈을 쌓는 상위 1퍼센트 부자들의 뇌 사용법

부자의 뇌

가난한 뇌는 기분에 돈을 쓰고
부자의 뇌는 기회에 돈을 쏜다!
부의 그릇을 키우는 뇌의 습관

모기 겐이치로 지음 | 오시연 옮김 | 양은우 감수
값 16,800원 | 272쪽

세계적 마케팅 구루가 직접 들여다본
마케팅x테크놀로지 메가트렌드

필립 코틀러
마케팅 트랜스포메이션

새로운 마켓의 시대가 열렸다!
당신의 마케팅은 여전히 아날로그인가?
8가지 핵심 기술x마케팅 대변혁!

필립 코틀러 V. 쿠마르 지음 | 이영래 옮김
값 28,800원 | 544쪽